Theories of Psychotherapy Series

Jon Carlson and Matt Englar-Carlson, Series Editors

심리치료의 기초

이론과 실제

The Basics of Psychotherapy

: An Introduction to Theory and Practice

Bruce E. Wampold

안명희 · 안미라 공역

박영story

역자 서문

미국 심리학회에서 출간한 심리치료 이론 시리즈(APA Theories of Psychotherapy Series)의 각 권은 심리치료 분야의 핵심 이론을 간결하게 소개한다. 각 권의 내용은 전문가들뿐만 아니라 이 분야에 입문하려는 전공생과 수련생을 염두에 두고 있으며, 각 이론적 접근의 역사적 배경, 핵심 개념, 치료적 과정, 평가, 발전방향, 그리고 전체적인 요약으로 구성되어있다. 한편, 본서에서는 심리치료란 무엇이며 심리치료 이론이 갖추어야 할 기본 요소와 심리치료가 치료적 작업으로써 제 역할을 하기 위해 고려해야 하는 요인들에 대해 다룬다. 이론들이 본질적으로 담고 있는 설명이 심리치료라는 작업 안에서 어떤 역할을 하는지, 실제적 개입에 어떻게 응용이 되는지, 그리고 무엇보다도 실제 도움이 되는가를 평가하는 데 중요한 단서를 제공한다.

우선, 심리치료의 기능과 역할에 대한 고려를 근간으로, 심리치료의 기본적인 정의를 내리고 심리치료의 간략한 역사적 배경에 대해 설명한다. 심리치료 이론을 치료적 작업을 주도하는 '로드 맵'이라고 정의하고, 정신분석을 필두로 심리치료 핵심이론들이 어떤 시대적 혹은 사회문화적 배경에서 출발하여 진화를 거듭했는지를 짚어준다. 이어서 '심리치료가 실제 효과가 있는가?'라는 핵심적 질문을 던지면서, 이에 대해 과학적 해답을 찾고자 했던 심리치료 효과 검증 연구 결과를 제시한다. 실증자료에 대한 검토는 현대 심리치료에서 특정 이론적 접근이 전문 학문 분야로서 그리고 치료적 작업으로서의 위상을 유지하는 데 있어 매우 중요한 부분이다. 심리치료가 심리학에 기초를 두는 작업이며, 가능한 한 경험적 기초에 근거해야 한다는 점을 상기시키는 부분이기도 하다. 치료자는 관련 경험연구에 대한 지식이 있어야 하며, 내담자에게 도움이 될 수 있도록 치료 관련 연구 결과를 적절히 통합해야 한다는 중요한 지침을 제시한다. 한편 공감과 통찰, 그리고 내담자-치료자 관계와 같은 치료적 요인에 대한 객관적 평가의 한계 때문에 검증 가능한 접근이 증거기반 접근으로 각광받을 수밖에 없다는 비판도 있다. 따라서 저자가 치료효과검증연구결과를 설명하는 과정 중, 증거기반 접근의 허와 실에 대해 설명하는 부분에서 어느 한 이론적 접근에 치우치지 않는 중립적인 입장을 유지하려고 노력한다. 다양한 이론의 기여도 혹은 허와 실을 평가하기 위해 해당 이론의 과학 철학적 기초에 대한 논의를 포함하는 것도 본서의 장점이다. '본서의 심리치료는 효과가 있는가?', '다른 심리치료법에 비해 상대적으로 더 효과적인 치료는 무엇인가?', '우리는 실제 임상 현장에서 시행되는 심리치료에 대해 얼마나 알고 있는가?', '심리치료는 어떻게 진행되는가?'라는 질문들을 던지고 이에 대해 간략한 설명을 제시한다.

본서의 내용은 본 시리즈의 나머지 저서에 담긴 특정 이론을 이해하는 데 필요한 맥락을 제공한다. 또한 심리치료의 실제에 있어 이론이 어떤 구체적인 역할을 하는가에 대해 논의하는 부분은 교육이나 수련과정에서 매우 중요하지만 대부분의 경우 시간상의 제약 때문에 직접적으로 다루지 못하는 내용을 담고 있다. 심리치료의 실제에 있어 이론은 핵심적 역할을 한다. 이론은 치료자가 내담자의 문제를 어떻게 조망하고, 치료 과정에서 구체적으로 어떤 개입을 할 것인지를 결정한다. 저자가 주장하듯 이론이 없는 심리치료는 존재할 수 없다. 한편, 특정 이론을 선택하는 것은 치료자와 내담자 둘 다를 고려해야 하는 작업이다. 치료자는 다양한 이론적 지식을 습득해야 하지만 궁극적으로는 내담자에게 가장 유익한 이론을 적용해야 한다. 그렇기 때문에 다양한 이론 중 어떤 이론이 상대적으로 더 가치가 있는가를 따지는 것 자체가 의미 없는 시도라는 저자의 생각에 동의한다.

본서의 초벌 번역에 도움을 준 서강대학교 심리학과 박사과정 김태사 선생과 최종 교정 작업에 힘을 보태 준 석사과정 박진경, 김가원 선생에게 감사한 마음을 전한다. 그리고 본서의 출간을 묵묵히 기다려주신 박영사 노현 이사님 이하 편집부 관계자분들과 안종만 회장님께 감사인사를 드리고 싶다.

2018년 여름,

역자 대표 안명희

차 례

I	서론 Introduction	7
	치유적 작업으로써의 심리치료 PSYCHOTHERAPY AS A HEALING PRACTICE	13
	심리치료의 정의 PSYCHOTHERAPY DEFINED	19
	본서의 취지 PURPOSE OF THE BOOK	27
II	본론	31
1장	심리치료 이론: 역사적 맥락 Psychotherapy Theory: The Historical Context	33
	심리치료의 기원에 대한 사회적 맥락 SOCIAL CONTEXT FOR THE ORIGINES OF PSYCHOTHERAPY	35
	경쟁 이론의 등장 EMERGENCE OF COMPETING THEORIES	42
	이론의 선별: 솎아내기 WINNOWING AND SIFTING THEORIES	51
	단일 이론 추종에 대한 대안들 ALTERNATIVES TO ALLEGIANCE TO A SINGLE THEORY	60
	결론 CONCLUSION	77
2장	이론의 역할 The Role of Theory	79
	심리치료 이론의 구성요소는 무엇인가? WHAT ARE THE ELEMENTS OF A PSYCHOTHERAPY THEORY?	81
	치료자를 위한 이론의 역할 ROLE OF THERORY FOR THERAPISTS	84
	내담자를 위한 이론의 역할 ROLE OF THEORY FOR THE CLIENT	91

이론과 과학 철학
THEORY AND PHILOSOPHY OF SCIENCE 97

요약
SUMMARY 104

3장 심리치료의 효과성에 관한 연구
Research on the Effectiveness of Psychotherapy 107

심리치료는 과연 효과가 있는가?
DOES PSYCHOTHERAPY WORK? 109

상대적 효과성: 더 효과적인 치료법이 있을까?
ARE SOME PSYCHOTHERAPIES MORE EFFECTIVE THAN OTHERS? 116

실제 현장에서의 심리치료
PSYCHOTHERAPY IN THE REAL WORLD 139

결론
CONCLUSION 145

4장 심리치료의 효과를 가져오는 요인은 무엇인가?
How Does Psychotherapy Work 147

특수 요인 관련 증거
EVIDENCE FOR SPECIFIC INGREDIENT 148

공통 요인에 대한 증거
EVIDENCE FOR COMMON FACTORS 166

결론
CONCLUSION 183

III 요약 Summary 185

색인
INDEX 199

참고문헌
REFERENCE 209

I

서론
Introduction

10분 늦게 도착한 당신의 새 내담자가 맞은편 의자에 아무 말 없이 앉는다. 접수면접 자료에 따르면 이 내담자는 32살의 아프리카계 남성으로, 금융 기관에서 근무하다 최근에 실직했다. 아내가 과음과 폭언을 줄이지 않으면 아이들을 데리고 집을 나가버리겠다고 해서 심리치료를 받으러 왔다고 했다. 그는 단정하고 깨끗하게 차려 입었지만, 감정을 잘 드러내지 않고, 많이 지쳐 보이며, 눈도 충혈되어 있다.

이 대목에서 당신의 머릿속에는 여러 가지 생각과 의문이 스쳐 지나갈 것이다. 이 내담자는 우울한가? 음주문제는 최근에 실직한 것과 관련이 있는 것일까? 아니면 실직하기 이전부터 약물남용 이력이 있었던 것은 아닐까? 술을 마셔서 눈이 충혈된 것일까? 아니면 울었나? 그것도 아니라면 혹시 건강에 무슨 이상이 있는 것은 아닐까? 물론 실직을 하면 자괴감을 느끼거나, 자신에 대해 부정적으로 생각할 수 있다.

하지만 현재 이 내담자가 가진 문제들이 단순히 실직했다는 취업 상태의 변화 때문에 생긴 것일까? 아니면 원래부터 정신건강에 문제가 있었고 그래서 직장에서 제대로 업무 수행을 하지 못했기 때문에 해고되었던 것은 아닐까? 어떤 상황적, 환경적 요인이 이 내담자의 문제에 영향을 미쳤을까? 인종, 문화, 사회, 직업, 그리고 내담자의 문제에 기여한 그 밖의 요인은 무엇일까? 이 부부의 문제는 내담자가 실직했기 때문에 초래된 결과일까? 아니면 이 내담자의 삶에 여러 가지 문제를 가져온 원인일까? 혹시 그가 원래부터 우울증을 앓고 있었는데 실직한 후 증상이 더 악화된 것은 아닐까? 이 내담자가 심리치료를 통해 얻고자 하는 것은 무엇일까? 그는 지금의 모습으로부터 바뀔 자세가 되어 있을까? 아니면 단지 아내로부터 최후통첩을 받아서 마지못해 찾아온 것일까? 그밖에 아직 드러나지 않은 다른 문제는 또 없을까?

이렇듯 다양한 의문이 들 것이다. 하지만 지금 가장 시급한 질문은 '치료자인 내가 지금 이 순간 그에게 무슨 말을 어떻게 해야 하는가?' 그리고 '내가 하는 말에 대한 그의 반응에는 또 어떻게 대처하는 것이 바람직할까?'이다.

이 간단한 삽화는 치료 작업이 실제로는 얼마나 복잡한 것인지를 적나라하게 보여준다. 물론 치료를 하기 위해서는 인간 행동의 생물학적, 사회적, 생태학적, 문화적, 그리고 인지적 기초에 대한 확실한 이해를 포함한 많은 배경 지식이 필요하다. 그러나 심리치료를 하는 데 있어 가장 중요한 것은 치료가 어떻게 전개되어야 하는지에 대한 적절한 로드 맵(road map) 혹은 행동지침이라고 할 수 있다. 로드 맵은 현실에 대한 일종의 표상이다. 우리가 지도 한 장 손에 들지 않고 전국을 여행하지 않는 것처럼, 심리치료에서 치료과정을 견인하는 데, 꼭 필요한 것이 이론이다. 이론은 현실에 대한 표상이라 할 수 있는데 치료자가 치료과정에서 어떤 질문을 해야 하는지, 무엇에 집중해야 하는지, 내담자의 언어적 혹은 비언어적 행동에 어떻게 반응해야 하는지, 언제 어떻게 개입을 해야 하는지, 그리고 치료의 진전은 어떻게 평가해야 하는지 등을 두루 포함하는 치료적 개입의 틀을 제공한다. 치료자의 이론적 관점은 치료과정 전반에 반영된다. 하지만 치료를 위한 '최상의' 로드 맵은 존재하지 않는다. 오히려 선택 가능한, 타당한 이론이 너무 많은 게 문제라고 할 수 있다.

본 APA 시리즈는 독자에게 다양한 심리치료 이론을 소개하려고 하는데, 특히 이론을 역동적인 과정으로 소개하려는 것이 매우 중요한 부분이다. 본 시리즈를 통해 독자들은 다양한 이론을 접하게 될 것인데 각 권마다 꼭 필요한 정보만 추려서 간략하게 제시하는 방식을 따르지는 않을 것이다. 본 시리즈의 기본 취지는 독자들로 하여금 특정 이론에 정통하도록 하려는 것이 아니라 효과적인 치료자가 되는 과정에서 이론을 적절히 활용할 수 있게 도우려는 것이기 때문이다. 독자는 본인들이 치료자가 되는 과정에서 본 시리즈에서 제시하는 여러 이론 중 몇 가지를 자신들의 치료 로드 맵(road map)으로 삼아 숙지하면 도움이 될 것이라 생각한다. 다양한 이론 중에는 상대적으로 더 편하거나, 더 논리적으로 다가오거나, 아니면 특정 내담자에게 더 적합해 보이는 이론이 있을 수 있다. 하지만 어떤 이론이 치료자인 여러분 개개인에게 가장 적합한 이론인지는 그다지 중요하지 않다. 치료과정에서 어떤 이론을 선택하느냐, 하는 것은 궁극적으로 해당 내담자를 이해하고 치료하는 데 가장 효과적인 이론이 어떤 것인지에 기준을 두어야 하기 때문이다. 물론 이를 알아가는 과정 역시 매우 역동적이고 복잡하다.

이 장에서는 치유적 작업으로서 심리치료란 무엇인지부터 소개하고자 한다. 이어지는 장에서는 심리치료의 역사, 심리치료에서 이론이 하는 역할, 그리고 마지막으로 심리치료의 효과 검증에 관한 연구 결과들을 검토할 것이다.

치유적 작업으로써의 심리치료
PSYCHOTHERAPY AS A HEALING PRACTICE

심리치료는 미국(United States)을 포함한 많은 나라에서 합법적이고 유익한 치료법으로 널리 받아들여지고 있다. 미국의 경우, 매년 천 만 명 이상이 심리치료를 받고 있다고 추산된다(Olfson et al., 2002; Wang et al., 2005). 우선 심리치료를 포함한 심리적 서비스를 제공하는 사람들은 누구인지부터 살펴보자. 미국에서는 심리적 스트레스를 해소하기 위해 도움을 받는 사람들 중, 약 40%가 심리학자, 사회 복지사, 또는 상담자로부터 심리치료를 받고 있고, 나머지는 정신과 의사(13%), 가정 의학 의사(9%), 복지 서비스 전문가(정신 건강 서비스 현장이 아닌 곳에서의 종교적, 영적 조언가)(9%), 또는 보조 혹은 대체 의학 제공자나 단체(예를 들어, 척추교정지압전문가, 자조단체)(32%)(Druss et al., 2007)로부터 심리적 서비스를 받고 있다. 한편 심리치료에 연간 57억 내지 96억 달러의 비용이 들고 있는 것으로 추산된다(Langreth, 2007; Minami & Wampold, 2008; Olfson et al., 2002). 적어도 미국에서는, 심리치료가 어느 정도 인정받는 치료법이며 주요 산업이기도 한 것으로 보인다. 하지만 치료법(healing practice)으로서의 심리치료의 지위에 대한 문제는 그다지 간단하지가 않다.

첫 번째로 제기되는 질문은 심리치료가 과연 효과가 있느냐 하는 것이다. 제4장에서 보다 자세히 설명하겠지만, 그 대답은 '전적으로 그렇다'이다.심리치료가 유익하다는 것은 매우 명백한 사실이다. 심리치료를 받고 있는 사람들은 심리치료를 받지 않았더라면 얻지 못했을 성과(outcomes)를 얻었다고 확신한다(Lambert & Ogles, 2004; Wampold, 2001b, 2007). 실제로 심리치료는, 훨씬 대중적이긴 하지만 비용이 더 드는 다른 의학적 방법들보다 오히려 효과가 더 좋고, 부작용도 없다. 여러 임상실험을 통해, 심리치료는 아동, 청소년, 성인, 그리고 노인을 아우르는 다양한 연령층에서, 우울, 불안, 부부간의 불화, 약물 남용, 건강문제(예를 들어, 흡연, 통증, 섭식장애), 그리고 성기능 장애의 치료에 효과적이라는 사실이 밝혀졌다(Chambless et al., 1998). 심리치료는 다양한 정신장애, 특히 우울과 불안 장애를 치료하는 데 있어 그 효과가 약물치료에 견줄 만하고, 더 지속적이며, 재발 가능성은 더 낮다. 또한 심리치료를 받은 사람은 추가적인 치료 과정, 즉 후속조치에 덜 저항한다(Hollon, Stewart & Strunk, 2006; Imel, Mckay, Malterer & Wampold, 2008; Leykin et al., 2007). 실제 임상 현장에서 실시되는 심리치료는 무선 할당된 조건 하에서 실시한 임상 실험 상의 심리치료만큼이나 효과적인 것으로 밝혀졌다(Minami & Wampold, 2008; 이 저서의 4장 참고).

이와 같이 심리치료는 그 가치를 인정을 받고 있고 효과도 있는 반면, 몇 가지 주목해야 할 문제점도 가지고 있다. 첫 번째 문제는 정신 건강 서비스를 필요로 하는 사람들 중 대부분이 그 어떤 유형의 돌봄(care), 즉 서비스도 받지 못하고 있다는 점이다. 최근 미국에서 실시된 국가 차원의 조사 결과에 따르면, 정신장애(예를 들어, 정신장애 진단 및 통계 매뉴얼(Diagnostic and Statistical Manual of Mental health Disorders: DSM; American Psychiatric Association, 2000)에 수록된 장애)를 가진 것으로 분류되는 사람들 중 40% 미만이 정신 건강 관련 치료를 받고 있는 것으로 나왔다(Druss et al., 2007). 이는 결국 "미국에서 정신장애를 가진 대부분의 사람들이 치료를 아예 받지 못하고 있거나, 적절한 치료를 받지 못하고 있다."는 것을 의미한다(Wang et al., 2005, p. 629). 이 문제는 사회-경제적으로 열악한 사람들의 경우 더욱 심각하다. "노인, 인종적 · 민족적 소수자, 빈곤자, 의료보험이 없는 사람, 그리고 외곽 지역에 거주하는 사람을 포함한 전통적으로 소외된 계층의 사람들은 치료의 혜택을 덜 받는다(Wang et al., 2005, p. 629)." 따라서 심리치료가 효과적이지 않은 것이 문제가 아니라, 심리치료가 필요한 사람이 현실에서는 제대로 치료를 받지 못하고 있다는 것이 문제임을 알 수 있다. 이에 대해서는 이 책의 4장에서 자세히 다룰 예정이다.

왜 더 많은 사람들이 심리치료 서비스를 이용하지 않는지, 그 이유는 명확하지 않지만, 정신장애의 치료를 위해서 약물치료를 하는 경우가 점점 더 늘고 있는 점과 관련이 있어 보인다. 미국에서는 심리치료에 매년 57억 내지 96억 달러가 쓰이고 있다. 반면, 약물치료의 경우 항우울증 치료제의 연간 판매량만 해도 130억 달러가 넘는다(Langreth, 2007)! 향정신성 약물치료를 포함한 정신장애 의료 서비스 이용이 점차 증가하는 경향이 있다는 것도 국가 차원의 조사들 전반에서 명백하게 드러난다. 1990년대 초부터 2000년대 초까지, 심리적 문제를 해결하기 위해서는 정신과 전문의에 의해서만 진행되거나 정신 건강 전문가(예컨대, 심리치료 전문가)와 협진으로 진행된 일반 의료, 그리고 일반 의약품을 이용하는 경우가 꾸준히 증가했다(Wang et al., 2006). 반면에, 순수하게 심리치료만 받는 경우는 같은 기간 동안 오히려 감소했다(Minami & Wampold, 2008). 이와 같은 전반적인 추세는 제약회사의 광고, 보험회사와 정부의 보상 이익, 의료 시스템의 자만 등을 포함한 다양한 요인으로 설명할 수 있다. 사람들이 심리치료를 받는 이유와 받지 않는 이유를 알아보기 위해, *Psychology Today*와 *PacifiCare Behavioral Health*는 2004년에 공동으로 Harris Poll 조사를 수행했다(Harris Interactive, 2004). 이 설문조사 결과에서 가장 눈에 띄는 것은 비용(cost)에 관한 부분이다. 많은 사람들이 심리치료는 너무 비싸고(39%), 자신들이 갖고 있는 의료보험(health insurance)에서 혜택이 보장되는 심리치료의 범위가 제한적(26%)이라고 응답했다. 한편 이 설문조사 결과 중에는 의미 해석이 어려운 부분도 있었다. 심리치료의 효과를 뒷받침하는 증거자료가 많음에도 불구하고, 많은 응답자(32%)가 심리치료가 도움이 될 것 같지 않아서 아예 시도조차 하지 않는다고 했다는 점이다. 자신들의 문제가 치료를 받아야 할 만큼 심각하지 않다고 응답한 사람이 전체의 35%에 해당되는 것 역시 주목할 필요가 있다. 응답자의 5분의 1(22%)이 넘는 사람들은 심리치료를 받았다는 낙인(stigma)이 찍히는 것이 문제라고 응답했다. 하지만 예측과 달리 심리치료와 관련된 이 낙인효과는 비용(cost), 효과에 대한 의구심, 그리고 자신이 치료받을 만큼 심각하지 않다는 의식에 비해서는, 심리치료를 받지 않는 이유와 관련하여 상대적으로 낮은 순위를 차지했다. 응답자의 반 이상은 정신 건강 서비스에 접근하기가 어렵다는 점도 지적했다.

이와 같은 설문조사 결과를 종합해보자면, 심리치료는 그 효과가 확실하고, 생각보다는 광범위하게 이용되고 있다. 하지만 전통적으로 소외된 계층의 사람들을 포함한 많은 사람들은 심리치료를 통해 도움을 받을 수 있음에도 불구하고 그 혜택을 받지 못하고 있다.

한편, 실제로는 별 심리적 어려움이 없는 사람들이 심리치료를 받고 있다는 인식도 존재한다. 임상적으로는 아무런 문제가 없는데 자신들에게 심리적 문제가 있을까, 염려하고 있는 사람들('worried well')에게도 심리치료가 제공되고 있다는 것이다. 하지만 흥미롭게도, 실제 정신 건강 서비스를 받고 있는 사람들 중에, 약 40%가 최근 12개월 동안 DSM 진단에 해당하는 증상을 경험했고, 18%는 일생 동안 DSM 진단에 해당하는 증상을 경험했으며, 13%가 잠복증상이나 스트레스가 많은 생활사건과 같이 심리치료를 필요로 하는 다른 지표를 갖고 있거나 갖고 있었던 것으로 나타났다. 정신 건강 서비스를 받고 있는 사람들 중 4% 미만만이 심리치료의 필요성을 보여주는 실제적 지표, 혹은 눈에 띄는 증후를 전혀 갖고 있지 않은 경우에 해당했다. 그리고 그 4% 중, 단 16%만이 정신과 의사가 아닌 다른 전문가로부터 심리치료 서비스를 받고 있었다. 따라서 본 조사 결과를 더 자세히 살펴보면, 미국 전체 인구의 약 0.5% 내지 1.0%의 사람들만이 심리치료를 필요로 하는 뚜렷한 객관적 근거가 없음에도 불구하고 심리치료를 받고 있는 것으로 나타났다(Druss et al., 2007). 즉, 과잉 진료의 근거는 희박하고, 심리치료는 대부분 내담자에게 실제로 필요하기 때문에 제공되고 있다는 점을 알 수 있다.

이쯤에서 우리는 심리치료가 상대적으로 새로운 치료법임을 명심해야 한다. 프로이트가 '대화치료(talking cure)'를 개발한 지 이제 150년밖에 되지 않았다. 심리치료는 미국에서 합법적인 치료로써 이제 막 자리 잡아가고 있으며, 고대로부터 존재해 온 약물 치료와 비교하면 상대적으로 역사가 짧다(Pritz, 2002). 이 책의 2장에서는 심리치료가 문화적 맥락에서 발전을 거듭하고 있는 치료방법이라는 것이 논의될 것이다(Fancher, 1995; Pritz, 2002 참조). 또한 효과가 좋든 나쁘든, 심리치료는 전반적으로 장기 집중적 치료(long-term intensive treatments, 몇 년에 걸쳐서 주당 두세 번)에서 단기 초점적 개입(focused and brief interventions)으로 발전해왔다(Engel, 2008). 그러나 이 분야는 아직도 새로운 발견들이 속속 등장하고 변화를 거듭하는 과정 중에 있다. 과학은 새로운 경험적 증거를 제공하고, 정책은 변화하며, 보수 체계는 진화하고, 사람들의 인식도 변한다. 그리고 이러한 변화는 심리치료에 영향을 미친다. 따라서 한 가지 확실하게 말할 수 있는 것은 앞으로도 심리치료는 시대의 요구에 맞춰 계속 변화를 거듭해갈 것이란 점이다.

심리치료의 정의
PSYCHOTHERAPY DEFINED

지금까지는 심리치료가 정확히 무엇인지, 적절한 정의도 내리지 않은 채 논의를 이어왔다. 관련 논의를 계속하기 전에, 심리치료가 무엇인지 정의하고, 그 개념적 정의와 관련된 문제들을 먼저 생각해 보도록 하겠다. 그 이후의 논의 과정에서는 무엇을 심리치료라고 해야 하는지, 실상은 그 경계가 모호하다는 점이 분명하게 드러날 것이라 생각한다.

심리치료는 심리적 문제를 다루기 위해 '대화(talk)'를 매개체로 사용하는 치료 방법이다. 다양한 관점에서 볼 때, 심리치료는 정형화되지 않은 치료 방법이라고 할 수 있다. 다양한 전문가(professionals)와 준전문가(paraprofessionals), 예를 들어 심리학자, 정신과의사, 상담자, 부부 상담자, 가족치료자, 그리고 사회 복지사가 다양한 이론적 모델에 기반을 둔 훨씬 더 다양한 기법을 활용하기 때문이다. 심리치료가 수많은 관련 전문가와 접근방법, 예컨대 개인 코칭, 협력단체, 직업상담, 진로상담, 그리고 자조그룹 프로그램과도 밀접하게 관련있기 때문에도 정형화하기 어렵다(Engel, 2008). 따라서 본 시리즈에서는 '주류(mainstream)'로 여겨지는 심리치료 이론에 주안점을 두되, 필요하면 비주류인 치료 방법과 관련된 문제도 다루고자 한다.

*심리치료(psychotherapy)*에 대한 완벽한 정의는 없지만, 그 실제를 명료하게 하기 위해 다음의 정의를 제안한다.

> 심리치료는 주로 대인 관계적인 치료이며, 심리학적 원칙들을 바탕으로 한다. 전문적 수련을 받은 치료자와 정신장애, 적응 문제, 또는 불만(dissatisfaction)을 가진 내담자를 포함하며, 치료자가 내담자의 장애, 문제, 또는 불만을 개선해주는 것을 목표로 한다. 또한 치료 방법은 특정 내담자나 그 내담자의 장애, 문제, 또는 불만에 따라 개별화된다(Wampold, 2001b, p. 3).

위 정의의 각 측면을 검토하는 것은 다른 유사한 치료 방법들과 차별화되는 심리치료의 전문적 경계를 명확히 하는 데에 도움이 될 것이다. 물론 개념적 정의, 전문적 경계 설정, 그리고 치료의 실제에 대해서는 논쟁이 있을 수 있다는 것을 염두에 두어야 한다. 하지만 다양한 이론에 대한 논의를 진행하기 위해서는 심리치료의 실제(practice)를 정의하는 것이 중요하다.

첫째, 심리치료는 주로 대인 관계적인 개입(intervention)이다. 역사적으로 *대화치료(talking therapy)*로 특징지어져 왔다. 즉, 심리치료는 치료자와 내담자 사이의 대인관계를 가정하며, 이 관계적 맥락에서 다양한 사안에 대해 치료자와 내담자 사이에 오가는 대화이다. 물론, 내담자는 치료 세션 내 또는 세션 밖에서 일반적으로 치료적이라 간주되는 다양한 활동을 수행할 수도 있다. 내담자가 두려워하는 상황에 접근하게 하는 노출 행동(예를 들어, 사회 공포를 가진 사람이 좋아하는 이성에게 말을 걸어보는 행동)이 그에 해당한다. 그렇지만, 심리치료의 중요한 측면을 전달하는 수단은 언어적 상호작용이다(Wampold, 2007). 과학기술에 의존해 행해지는 개입방법을 포함한 몇몇 현대 치료 방법을 심리치료라고 분류할 수 있을지는 명확하지 않다. 전화 상담(telephone counseling)이나 비디오 상담(video-based intervention)은, 직접적인 면대면 상호작용은 아닐지라도 명백히 대인적 관계를 수반한다. 채팅의 형태인 인터넷 상호작용 역시 대인관계적 양상을 띠고 언어로 매개되기 때문에, 많은 이들이 이 역시 심리치료로 분류할 수 있다고 본다. 중요한 대인 관계가 전자 매체를 통해 이루어지는 젊은 세대들에게는 특히나 그럴 것이다.

대인관계를 포함한다는 기준은 학교 장면에서의 토큰강화 기법처럼 고전적 조건형성(conditioning) 이론에 근거한 다양한 환경적 개입방법을 심리치료의 범주에서 제외시키는 역할을 한다. 설령 이러한 방법이 효과적으로 행동을 변화시킬지라도, 본 시리즈에서 의미하는 심리치료라고 할 수 없다. 사실, 본 시리즈에서는 언어를 주요 의사소통 전달 방식으로 하지 않는 심리적 개입들은 심리치료로 정의하지 않는다. 따라서 언어적 의사소통을 위한 인지 능력을 갖고 있지 않은 내담자들(예컨대, 유아, 심한 의사소통 장애를 가진 사람들)은 위의 이유로 심리치료에 적합하지 않다고 본다. 그렇다고 해서 이들이 다른 심리적 서비스를 받을 수 없다는 의미는 아니다.

치료방법은 일반적으로 이론적 신념 체계(belief systems)에 뿌리를 두는데(Wampold, 2007), 심리치료가 기반하는 신념 체계는 심리학이다. 즉, 어떤 치료 방법이든지 간에, 그 기저에는 심리학적 근거가 있어야 한다. 본 시리즈를 통해 알게 되겠지만, 다양한 심리치료를 발전시키는 데에 유용하게 적용될 수 있는 심리학적 이론이 상당히 많이 존재한다. 앞서 말했듯, '신체요법(body therapies)'과 같은 비주류의 개입방법도 존재하기는 하지만, 마사지 치료의 근거는 심리학이라기보다는 생리학이다. Reichian 치료법[1]과 같은 다른 신체적 접근도 심리학적 기초를 갖고 있다고 주장하기는 하나, 이 역시 논쟁의 여지가 있다. 본 시리즈에서는 설득력 있는 심리학적 기초를 가지고 있는 심리치료에 국한하여 논의를 진행하고자 한다.

치료 방법들이 가지는 또 다른 공통점은 치료자가 일반인과는 구분되는 특성, 그리고 전문적 지위와 지식에 기반을 둔 권위를 가지고 있다는 것이다(Boyer, 2001; Frank & Frank, 1991; Wampold, 2007). 따라서 본 시리즈에서 논의되는 심리치료는 전문적인 수련을 받은 치료자에 의해 행해지는 심리적 개입방법에 국한된다. 대부분의 심리치료는 전문 학위와 자격증이 있는 치료자에 의해 행해진다. 전문 학위나 자격증이 없는 준전문가(예컨대, 석사 과정생인 치료자나 일부 물질 남용 상담자)가 특정 전문 수련과정을 거치고 심리치료를 하는 경우도 있기는 하다. 하지만 심리치료는 비공식적으로 이루어지는 개입(예, 친구 사이), 다른 직업 활동의 부차적 기능(예, 미용사, 바텐더) 또는 일반적으로 전문적 서비스로서 인가 받지 못한 치료 방법(예컨대, 치료자로서 훈련받고 인정되지 않은 종교적 인물이 제공하는 서비스)과는 차별화된다.

1 정신분석학자 Wilhelm Reich가 창시한 치료법으로서, 신체 호흡법이나 특정 동작 등을 통해 비정상적으로 억제되었던 성적, 정서적 에너지를 분출시킴으로써 치료효과를 도모한 접근이다.

따라서 위의 심리치료에 대한 개념적 정의는 비전문가가 제공하는 심리 서비스(indigenous healing practices)가 전문적 심리치료와 밀접한 관련이 있더라도, 전문적 심리치료 범주에서는 배제된다는 것을 보여준다(Wampold, 2007).

한편 여기에서 논의하는 심리치료의 개념적 정의에는 내담자에게 *장애, 문제 혹은 불만*에 대한 고려가 있다는 점부터 주목해야 한다. 이 개념적 정의에서는 의도적으로 심리적 스트레스를 *정신장애*로 특징짓지 않고 있다. 이는 많은 심리치료들이 그와 같은 분류가 도움이 되지 않고, 심지어 낙인을 찍는 것이라고 보기 때문이다. 그렇긴 해도 심리치료는 사람들이 느끼는 심리적 스트레스를 다룬다. 그리고 약물 예방 프로그램과 같은 주로 예방적인 차원의 개입은 심리치료로 간주하지 않는다. 이러한 개념적 정의에 대한 논의는 비자발적 내담자들에 대한 개입이 심리치료로서 분류될 수 있는지에 대한 중요한 문제를 부각시킨다. 내담자들 중에는 치료를 받도록 권고받거나(예컨대, 형사 사법 제도에 의해), 가족들로부터 압박을 받거나 혹은 학교에서 의뢰해서 온 경우도 있다. 이런 내담자들은 참여를 꺼리는 비자발적 참가자로, 심리치료의 고유한 치료적 특징이라 할 수 있는 관계 맺기 조차 하지 않으려 할 수 있다(Wampold, 2007). 내담자들은 변화에 대한 동기와 준비도 측면에서도 개인차를 보인다. 내담자와 관계를 맺고 변화에 대한 욕구를 높이는 것은, 물론 치료자의 책임이다(Moyers, Miller & Hendrickson, 2005; Prochaska & Norcross, 2002). 하지만 심리치료는 치료자와 내담자가 치료 작업과 목표에 대해 합의한 협동적 관계에서 출발한다. 그리고 이점에 대해서는 앞으로 좀 더 논의를 할 예정이다.

심리치료의 정의에는 치료자가 치료적이라고 믿는 개입방법을 통해서 심리치료가 이루어진다는 중요한 가정이 포함되어 있다. 어떠한 치료이든, 환자는 의사 본인도 자신이 환자에게 제공하는 치료방법의 효과를 믿고 있다는 기대가 있고, 이 점은 심리치료를 받는 내담자의 경우에도 마찬가지이다. 실제 경험 연구 결과도 치료의 효과에 대한 치료자의 믿음이 심리치료의 성과와 관련이 있다고 보고한다(Wampold, 2001b). 대부분의 실제 치료 장면에서 치료자들은 자신의 치료에 대한 믿음을 갖고 있다. 하지만 때로는 다양한 이유로 특정 치료 지침(protocols)을 따르도록 권고 받는 경우도 있다. 이런 경우 치료자는 본인 스스로 최적이라고 생각하지 않는 치료를 하게 되기도 한다. 혹자는 치료효과에 대해 의구심을 갖고 있는 치료자에 의해 시행되는 치료 지침 역시 심리치료로 분류 할 것이다. 하지만 본서에서는 치료자의 신뢰를 바탕으로 시행되는 치료에 대해서만 논의한다. 임상 실험장면에서는 치료자들이 통제 조건에 할당되고 설사, 해당 처치조건에 해당되는 개입방법이 내담자의 특정 문제를 효과적으로 치료하기 위해 고안된 것이 아님을 아는 상황에서도, 치료를 시행하는 경우가 있다(예, 통제조건으로서 지지적 상담을 제공하는 경우). 일각에서는 이러한 경우를 사이비 치료로까지 간주한다. 이 부분은 처치조건과 통제조건을 비교하는 임상 실험으로부터 도출된 심리치료효과의 증거를 이해하는 데 매우 중요하다(Wampold, 2001b 참조). 따라서 이런 측면에 대해서는 4장에서 좀 더 논의하도록 하겠다.

심리치료의 정의와 관련해서 마지막으로 고려해야 할 점은, 심리치료가 내담자와 내담자의 문제에 맞게 개별화된(individualized) 개입방법이란 점이다. 즉, 치료자는 내담자의 말의 진의를 정확히 파악해서, 내담자의 성격특성과 당면한 문제를 해결하는 데 적합한 방향으로 치료 계획을 세워야 한다. 특정 문제를 다루거나 내담자의 삶의 질을 향상시키는 것을 목적으로 하더라도 개별 내담자에 맞춰진 개별화된 치료를 제공하지는 못하는 심리프로그램들도 있다. 긴장 완화 수칙들, 명상, 그리고 다양한 활동 프로그램(예를 들어, 무용치료)이 그러한 예이다. 이와 같은 개입방법들이 효과적일 수 있다고 하더라도, 본 시리즈의 관점에 부합되는 심리치료는 아니다.

심리치료는 종종 한 번에 여러 명의 내담자를 대상으로 하기도 한다. 집단치료, 부부치료, 가족치료가 그러한 경우이다. 이러한 형태적 변형은 종종 *치료양식(modalities)*의 변형이라고 일컬어진다. 인지행동치료와 같은 전형적인 개인치료 지침들은 집단치료 형식에 맞게 수정되어 시행되는 경우가 빈번하다. 반면에, 치료 방법들 중에는 특정 치료양식으로만 활용되는 경우도 있다. 예를 들어 다체계적 가족치료(multisystemic family therapy)는 가족치료 양식으로만 적용되는 치료양식이다. 심리치료의 정의는 다양한 이론적 관점뿐만 아니라 치료 양식까지 아우를 수 있도록 포괄적이어야 한다.

*심리치료*는 포괄적인 용어이다. 심리치료를 제공하는 치료자들은 상담, 사회복지, 의료, 그리고 심리학을 포함하는 다양한 분야에 소속되어 있을 수 있으며, 서로 다른 분야에는(또는 한 분야 내에서도) 각각의 전문성이 존재하기 때문에, 심리치료자들은 심리치료의 훈련과 실제에 대한 다양한 관점을 갖고 있을 수 있다. 예를 들어, 심리

학에는 학교, 상담, 그리고 임상 심리학이라는 다양한 전문 분야가 존재한다. 심리치료는 개인 상담소, 지역사회 기관, 병원, 진료소, 그리고 상담센터 등을 포함하는 다양한 환경에서 시행된다(Mianami & Wampold, 2008; VandenBos, Cummings & DeLeon, 1992). 게다가, 치료자들이 치료 비용을 받는 방법도 다양하다. 내담자에게 직접 받는 경우, 공공 의료 관리기관이나 보험회사, 기타 교육 기관(예컨대, 대학 상담센터의 경우는 대학 측), 다양한 정부기관(예컨대, 미국의 의료 보험 제도, 많은 국가에서 시행되는 국가적 건강 서비스) 그리고 비영리기관으로부터 치료비를 받는 경우처럼 매우 다양하다.

본서의 취지
PURPOSE OF THE BOOK

이 책은 초심자에게 심리치료에 대해 소개하는 것을 목적으로 한다. George Santayana(1905)는 "과거를 기억하지 못하는 사람은 어쩔 수 없이 그것을 반복하게 되어 있다(p. 284)."라는 유명한 말을 남겼는데, 이는 심리치료에도 적용되는 말이다. 심리치료의 발전 과정에 대한 정확한 이해, 심리치료에 영향을 미친 요인들, 치료 장면에서의 심리치료의 위상, 그리고 심리치료의 효과를 뒷받침하는 과학적 증거에 대한 정확한 이해는, 21세기에 이 분야를 이끌어가는 치료자와 연구자를 훈련시키는 데 필수적이다. 이 책은 심리치료의 이론적 모델에 대한 설명서 시리즈 중 첫 번째 책이다.

심리치료의 근간이 되는 것은 바로 이론이다. 따라서 이론을 기반으로 하지 않는 기법들의 집합은 심리치료로 보기에 부족하다. 어느 분야든 그 분야의 전문가나 장인이라면, 자신의 분야에 대한 근본 원리에 대해 당연히 알고 있어야 한다. 이론은 그 전문 분야의 활동을 지탱해주는 주춧돌이다. 경험연구 결과, 치료적 기법, 임상적 전문식견, 기술습득, 그리고 그 밖의 나머지 모두, 이론이 없으면 무형의 혼돈, 그 자체밖에 되지 않는다.

이 책의 2장에서는, 심리치료 이론들이 그 동안 꾸준히 진화를 거듭해왔다는 것을 심도 있게 논의할 것이다(Cushman, 1992; Fancher, 1995; Wampold, 2001b 참조). 프로이트가 처음 정신분석을 도입한 후부터, 수십 년간 정신분석은 심리치료 분야의 지배적인 이론이었다. 하지만 행동치료와 인본주의 치료라는 두 번째와 세 번째 세력이 각각 20세기 중반에 심리치료의 활동무대에 진입했다. 최근에 네 번째 세력으로 다문화상담이 등장했다. 현재는 수백 가지의 이론이 존재한다. 그 중 일부는 핵심적인 주제와 맥을 공유하지만, 나머지 이론은 공통점이 없어 꽤 이질적이다. 임상 현장에서 일하는 많은 치료자들이 자신을 절충주의 또는 통합주의라 여긴다는 사실은 심리치료 이론에 대한 전체적인 조망을 더욱 복잡하게 만든다(Norcross, Hedges & Castle, 2002). 그러니 이토록 수많은 이론이 존재하는 이 분야를 대학원생이 어떻게 통달할 수 있겠는가? 본 시리즈는 이러한 다양성에 일관성을 부여하기 위한 목적으로 기획되었다.

본 입문서는 다음의 세 가지 단계로 나누어질 예정이다. 먼저, 첫 장에서는 각 이론의 역사적 맥락을 제시할 것이다. 그 다음에서는 다음과 같은 질문들을 다룰 것이다. 심리치료는 어떻게 생겨났고 발전했는가? 핵심적인 발전으로 꼽을 수 있는 것은 무엇이고, 누가 이 분야에 영향을 미쳤는가? 그리고 치유적 작업으로서의 심리치료가 발달하는 과정에, 당시의 문화적 맥락은 어떤 영향을 미쳤는가? 3장은 심리치료의 실제에 있어 이론이 어떠한 역할을 하는가에 대해 중요한 논의를 할 것이다. 이론은 치료의 실제에 반드시 필요하다. 치료자들이 자신들의 사례에 대해 어떻게 생각하고 심리치료

과정에서 구체적으로 어떤 작업을 하는 지를 결정한다. 이론이 없는 심리치료는 존재하지 않는다. 3장에서는 특정 이론을 선택하는 것은 치료자와 내담자, 둘 다를 고려해야 하는 작업이라는 것이 논의될 것이다. 또한 다양한 이론 중 어떤 이론이 상대적으로 더 가치가 있는가를 따지는 것은 문제가 있다는 점을 드러내기 위해, 다양한 이론이 가지고 있는 과학 철학적 기초에 대해서도 논의할 것이다.

4장과 5장에서는 심리치료에 대한 경험연구 결과를 검토할 것이다. 심리치료는 심리학에 기초를 두는 작업이며, 가능한 한 경험적 기초에 근거한다. 치료자들은 관련 경험 연구에 대해 알고 있어야 하며, 내담자에게 도움이 될 수 있도록 치료 관련 연구 결과를 적절히 통합해야 한다. 4장과 5장에서는 심리치료는 효과가 있는가? 다른 심리치료법들에 비해 상대적으로 더 효과적인 치료는 무엇인가? 우리는 실제 임상 현장에서 시행되는 심리치료에 대해 얼마나 알고 있는가? 심리치료는 어떻게 진행되는가? 하는 질문들에 대해 간략하게 설명하고자 한다. 마지막으로, 6장에서는 전체적인 요약을 제시하고 치료의 실제에 있어 이론의 중요성을 다시 한 번 강조할 것이다.

Ⅱ

본론

1장

심리치료 이론: 역사적 맥락

Psychotherapy Theory: The Historical Context

심리치료의 역사와 문화적 맥락에 대해 소개하는 것은 현대 심리치료의 실제를 이해하고, 심리치료를 시행하는 방법에 대해 배우고, 다양한 전문분야와 지역사회 기관과의 관계 속에서 심리치료의 위상을 높이는 데 중요하다. 이 장에서는 심리치료의 현 위치뿐만 아니라 그 기원과 발전 과정에 대해서도 다룰 것이다.

역사는 현재에 선행하는 사건을 추적할 수 있게 해줌으로써 전문 분야에 종사하는 사람들에게 매우 중요한 자료를 제공한다. 하지만 어쩌면 추적 가능한 역사적 사건보다 더 중요한 것은 역사적 기록에서 누락된 부분일 수 있다(Wampold & Bhati, 2004). 하나의 전문 학문 분야로서 그리고 연구분야로서 심리치료가 발전해 온 과정은 매우 복잡하다. 심리치료의 역사를 되짚어보는 것은 심리치료에 대한 이해를 넓히고, 어쩌면 간과되었을지도 모르는 과학과 실제에 대한 조망을 제시한다.

Messer(2004)는 과학적 전통과 인본주의적 전통으로부터 형성된, '심리학의 이중 유산(psychology's dual heritage)'에 주목했다(p. 586). 심리학의 과학적 전통은 심리치료가 매우 효과적이라는 증거자료를 제공해왔고, 보건의료 서비스 전달체계 안에서 심리치료가 합법적인 치료로서 자리 잡는 데 기여해왔다. 인본주의적 전통은 배려적, 공감적, 그리고 내담자와 함께 의미를 만들어가는 과정인 심리치료의 실제에 대한 기초를 제공해왔다. 애석하게도 이 두 가지 각기 다른 유산은 과학자, 실무자, 그리고 이들의 훈련과정이 심리치료의 각기 다른 측면을 중요시하게 만들어, 서로 갈라지도록 하는 데도 일조해왔다. 연구자들은 종종 심리학의 실제적 적용이 과학적으로 이루어지지 않다는 점을 발견했다. 한편, 인본주의적 측면과 맥을 같이한 사람들은 과학적 탐색이 그들이 심리치료의 핵심이라 여기는 것과 무관한 부분에만 초점을 맞추고 있다고 인식해왔다(Wampold, 207). 그럼에도 불구하고, 과학자들과 실무자들은 같은 목표, 즉 내담자가 자신의 어려움을 극복하고, 보다 의미 있는 삶을 영위하도록 도움을 주는 것을 추구한다. 심리치료의 역사적 측면에 대해 검토하는 것은 두 가지 전통에 대한 어느 정도의 통찰을 제공하고, 심리치료 관련 연구와 실제에 있어 심리치료 이론이 하는 역할을 이해하는 데 중요하다.

심리치료의 기원에 대한 사회적 맥락

SOCIAL CONTEXT FOR THE ORIGINES OF PSYCHOTHERAPY

사회적인 영향을 받아 자신의 행동을 수정하는 것은 인간의 근본적인 특성 중 하나이다(de Waal, 2006). 즉, 사회 집단은 개별 구성원들의 생각과 행동에 강한 영향을 끼친다. 문명의 기원부터, 인간은 다양한 치유적 기법을 사용해왔고, 그러한 관행의 중심에는 이를 전담하던 치유자와 사회적으로 용인된 치유적 의식(healing ritual)이 있었다(A. K. Shapiro & Shapiro, 1997). 대부분의 문명사회에서 정신적 장애와 신체적 장애는 구별되지 않았었고, 오늘 날의 관점에서 보면 전혀 '과학적(scientific)'이지 못한 다양한 기제들이 정상상태로부터의 일탈을 설명하는 데 사용되었다.

19세기 후반 유럽에서는, 지적 세력들이 결집해 다양한 장애를 치료하는 수단으로서 *대화치료(talking therapy)*를 만들어 냈다. 과학적 방법은 물리적 세계와 생물학적 세계를 이해하는 수단으로 받아들여지고 있었고, 그 결과 물리적 현상에 대한 기계론적 설명(뉴턴의 물리학)과 생물학적 유기체에 대한 설명론으로 자연선택(natural selection) 이론(다윈의 진화론)이 등장하게 되는 맥락이 제공되었다. 이러한 지적 호기심은 내적 세계(마음)에 대한 과학적 이론을 형성하고자 하는 동기가 되었고, 이에 따라 생물학적 기초가 없었던 장애(예, 정신장애)의 치료에 과학적 설명이 적용될 수 있었다. 그런 지식의 용강로 속 많은 사람들 중, 프로이트(Sigmund Freud)는 정상과 비정상적 정신 상태를 이해하고 마음의 장애를 치료하는 시스템을 만들어냈다(Makari, 2008). 프로이트는 당시의 지적인 그리고 과학적인 아이디어들을 성공적으로 통합하여, 현재 *정신분석(psychoanalysis)*이라고 불리는 이론을 창시했다. 정신분석은 인간의 의식과 무의식의 모든 측면을 다루고, 가벼운 신경증에서부터 가장 심한 정신증 그리고 그 사이의 모든 정신장애의 치료법까지 포함한다는 점에서 하나의 거대이론이라고 볼 수 있다. 실제로 많은 사람들이 미국 심리치료의 기원을 프로이트에게서 찾는다. 1909년에, 프로이트는 Clark 대학에서 자신의 이론에 대해 수용적이었던 당시의 청중을 대상으로 매우 영향력 있는 강의를 했다. 20세기가 시작하고 첫 10년 동안 가장 저명한 심리학자로 여겨졌던 William James도 처음 프로이트를 만났을 때, '당신의 이론이 바로 심리학의 미래(Yours is the psychology of the future)'라고 선언했다고 한다(Cushman, 1992). 정신분석은 매우 짧은 시간 내에 유력한 심리치료 접근법으로 부각되었고 미국 대중의 상상력을 사로잡았다(Cushman, 1992; Makari, 2008).

흥미롭게도, 미국에서는 프로이트의 강의 이전에도 이미 수십 년 동안 대화로 하는 치료가 존재했었다. 19세기가 끝나갈 무렵, 점점 더 많은 수의 미국인들이 *마음치료(mind cures)*에 연루되었고, 그러한 치료 중 가장 대중적인 것은 Christian Science와 New Thought 운동이었다. 이 두 방법은 질병을 치유하고 삶의 질을 향상시키기 위해 마음을 활용하려고 한 시도였다. 지금에 와서 돌이켜

보면, 이와 같은 움직임들은 무정부주의적이거나 변방의 종교적 실천 운동으로 보일 수도 있지만, 그 당시에는 인기가 대단했다(Caplan, 1998; Harrington, 2008; Taylor, 1999).

마음, 믿음 혹은 영성을 통해 신체적인 질병의 치유가 가능하다고 주장했던 방법들의 인기는 의학계에 심각한 고민거리를 제공했다. 그 시기는 의학 역시 과학에 기반을 둔 전문분야로 이제 막 부상하기 시작한 때였다. 현대 과학으로써 의학의 초석이 된 것 중의 하나는 물질이 실재의 유일한 기초임을 규정하는 철학적 용어인 *물질주의(materialism)*라고 할 수 있다. 따라서 20세기 초, 의학은 질병을 포함한 모든 육체적 상태는 물리적 원인을 가지며, 모든 치료는 그 생물학적 체계를 변화시킴으로써 이루어진다는 관점을 점점 더 고수하기 시작했다(Caplan, 1998; Harrington, 2008). 때문에 의학계에서는 비과학적 원리들에 기초하는 치료는 사이비란 것을 과학적으로 증명하는 데 열을 올리고 있었다. 실제로 이와 같은 주장을 바탕으로 동물자기이론(animal magnetism)에 기초한 Franz Anton Mesmer의 치료법[2]에 대한 평판을 무너뜨린 것이 과학적 방법의 정수라고 칭송되기도 했다(Gould, 1989; Wampold, 2001a; Wampold & Bhati, 2004). 프로이트의 정신분석이 의학계에서 받아들여지고 있었던 유럽과는 달리, 미국의 의학계에서는 마음치료에 대한 저항이 특히 심했다(그 당시, 대부분의 전문 치료자는 의학박사였다). 그리고 마음 치료에 관여하는 사람들이 최면과 주술에 현혹되어 있었다는 사실은 이와 같은 상황을 더욱 악화시켰다(Caplan, 1998; Cushman, 1992). 하지만 이후 마음 치료의

2 Franz Anton Mesmer는 동물자기이론(animal magnetism)을 바탕으로 메스머리즘(최면술)을 실시해 모든 병을 치료할 수 있다고 하였으나, 의학계로부터 인정받지 못했다.

실제가 종교적 색채를 덜 띠게 되고, 심리학자들과 심지어 일부 의사들까지 이에 관심을 보이면서 마음 치료의 타당성이 높아졌다. 보스턴 정신병리 학교(Boston School of Psychopathology)[3]는 1859년에 설립되었고, 그 구성원 중에는 신경과와 정신과 의사뿐만 아니라, 심리학자인 William James와 G. Stanley Hall이 포함되어 있었으며, 그들은 여러 전문 분야 사이에서 심리치료의 역량을 증명하였다. 1906년에는 의사들과 개신교 목사들에 의해 임마누엘 운동(Emmanuel movement)의 기초가 만들어졌는데, 그것은 정신세계에 관심을 가졌던 사람들과 행동의 도덕적 측면에 관심을 가졌던 사람들 사이의 매력적인 공동작업이었다. 이 조직은 환자들에 대한 '치료(therapy)'에 앞서 강의와 사회적 서비스도 제공하였다(Caplan, 1998; Taylor, 1999). 의학적 차원에서는 임마누엘 운동의 두 가지 측면이 문제시 되었다. 첫째, 사람들은 정신 요법에 의해서만 '치료받고(treated)' 있었는데, 그 정신 요법은 현대 의학의 물질주의적 입장으로부터는 인정받지 못한 것이었고, 정신장애의 생물학적 인과성은 확인되지 않았으며, 활용하는 개입방법 역시 어떠한 생물학적 과정에도 초점을 두지 않았다. 둘째, 의사가 아닌 사람들에 의해 치료가 시행되었는데, 이는 전문성의 관점에서 매우 위험할 수 있었다(Caplan, 1998).

의학계는 정신장애의 치료를 위해 행해지는 정신치료(psychic treatments)의 인기가 점점 높아져 가면서 딜레마에 직면했다. 의학계에 종사하는 사람들은 지속적으로, 정신 치료에 대해 공식적으로 비

3 보스턴 정신병리 학교(Boston School of Psychopathology)는 1859년 신경과와 정신과 의사들 그리고 심리학자들이 모여 만든 비공식 연구 집단이었다. 이들은 대화치료(talking therapy)라는 새로운 치료법이 자리 잡는 데 중심적인 역할을 하였다.

판을 하든지, 아니면 정신 치료를 의학적인 치료로서 받아들이든지, 하는 선택의 기로에 놓이게 되었다(Caplan, 1998; Mosher & Richards, 2005). 대화치료의 인기는 위협적이었고, 마침내 의학계에서도 실리를 위해 마음 치료를 받아들였다. 그리고 프로이트 시대에 와서는 유감스럽게도, 심리치료는 곧 의사들의 영역이 되었다(Mosher & Richards, 2005). 여러 전문 분야에서 흔히 그러하듯, 대중의 안전을 위한다는 명목 하에 특단의 조치가 취해졌다. 저명한 의사인 John K. Mitchell이 "환자의 *치료*는, 그것이 외과 수술이든, 내과 치료이든, 또는 정신적 치료이든, 환자들의 안전을 위해서 반드시 의사에 의해서 행해져야 한다."고 선언하기에 이르렀다(Caplan, 1998, p. 142에서 인용).

정신 치료가 의학적 치료에 포함될 수 있기 위해서는, 정신적 스트레스와 그 치료에 대한 세속적, 과학적인 설명이 필요했고, 종교적, 영적 기초는 버려야 했다(Caplan, 1998; Harrington, 2008; Makari, 2008). 프로이트의 정신분석은 정신치료가 물질주의에 기초한 의학 분야에 포함되는 데 필요했던 설명을 제공했다. 이런 면에서, 프로이트는 다양한 관점을 훌륭하게 통합해 전문가와 대중에게 모두 받아들여질 수 있는 종합적인 이론을 만들어낸 것이다(Makari, 2008). 프로이트 이론의 장점에 대해서는 논쟁이 될 수 있는 면이 있었고, 실제로 논쟁거리가 되어 왔다. 그러나 역사적인 맥락에서 볼 때, 프로이트의 이론이 반박할 수 없는 매력과 힘을 가지고 있다는 것은 분명하다. 프로이트의 정신분석이 창시되고 미국에 도입되는 과정은, 설득력 있는 이론이 한 분야에 얼마나 지대한 영향을 미치는지를 잘 보여준다.

프로이트의 정신분석은 의학적 모델에 적합했다. 프로이트의 이론적 가정들은 수 년에 걸쳐서 진화를 거듭했으나(Clark 대학에서의 강의 이전에도 유의미한 정도로), 다음에 제시되는 그 전반적인 틀은 변함없이 유지되었다. ⓐ 히스테리 증상들은(그리고 이후에는 신체 장애뿐만 아니라 대부분의 정신적 스트레스까지), 일부 외상 사건(실제이든 상상된 것이든)을 무의식 속에 억압함으로써 발생한다. ⓑ 증상의 본질은 그 사건과 관련이 있고, ⓒ 증상은 사건과 그 증상 사이의 관계에 대한 통찰을 통해 제거될 수 있다. 통찰은 최면, 직접적인 질문, 꿈 분석, 전이 분석, 그리고 자유연상을 포함하는 프로이트의 다양한 기법을 통해 촉진되었다. 의학적 치료에서는 특정 장애에 효과적인 고유한(specific) 치료가 존재해야 한다는 측면을 중시한다. 치료의 특정적인 구성요소가 가정된 치료 메커니즘을 통해 장애를 효과적으로 치료해야 한다는 것이다. 정신분석은 *통찰(insight)*이라는 중요한 구성요소를 가지고 있다는 점에서 특정적인 치료로 여겨졌다. 심리치료에서 고유성(specificity)이라는 개념이 중심 논제가 된다는 것에 대해서는 나중에 설명하도록 하겠다.

물론, 프로이트가 의사였다는 사실은 엄청나게 중요했다. 정신분석은 눈에 보이지 않는 관념적 구성개념(예컨대, 자아와 원초아)을 도입했다는 이유로 혹독한 비판을 받기도 했지만, 1909년 당시에는 그러한 점이 별로 중요치 않았다. 혹자는 미국에서 의학적 치료 방법으로서의 심리치료는 정신분석이론이 미국 의학계에 받아들여지고, 의사들에 한하여 정신분석이 행해졌을 때부터 시작되었다고 본다. 이러한 미국에서의 심리치료 기원을 살펴보면 역사적 측면에서 두 가지 중요한, 그리고 서로 관련성이 있는 부분이 있다. 첫째, Christian Science, 임마누엘 운동, 보스턴 정신 병리 학교 같은 프로이트 이전의 치료 방법에서 정신분석으로 이행하는 과정에서, 도덕적, 종교적, 그리고 영적 요소는 가차없이 버려졌고, 심리치료는 전문 분야가 되었으며, 어쩔 수 없이 세속적 활동이 되었다. 둘째, 치료 방법 중 하나이긴 하지만 아직은 전문 분야로 인식되지 않았던 심리치료가 의학과 관계를 맺게 되었다. 생물학적 정신의학을 선호하는 의학계는 많은 부분에서 심리치료를 인정하지 않아왔지만, 심리치료와 의학의 관계는 암시적일 뿐만 아니라 명시적인 방식으로도 계속되어 왔다.

경쟁 이론의 등장
EMERGENCE OF COMPETING THEORIES

프로이트의 정신분석적 이론은 의학적 모델로 적합했고, 의학계에서 수용할 만큼 설득력 있는 이론적 기초를 확실하게 제공했다. 사실 이러한 측면은 의학적 치료 방법으로서의 심리치료가 등장하는 데 기여하였다. 그러나 정신분석은 명백히 유동적인 이론이었다. 예를 들어, 무의식적 내용의 기원은 초기 성적 학대, 환상으로 품어진 금기시되는 성적 욕망, 특정 심리적 외상(예, 군 복무 중의 외상), 불안에서 파생한 생각 등과 같이 계속 바뀌었다. 과학적 이론이 태동할 때 그렇듯이, 정신분석도 비판을 받으면서 변화해왔다(Harrington, 2008; Makari; 2008). 그럼에도 불구하고, 프로이트는 자신이 제시하는 절차를 정확히 따르지 않으면 치료는 이루어질 수 없다고 단호하게 믿었다. 이는 이론적 다양성과 여러 가지 치료적 조치를 제안했던 Joseph Breuer, Alfred Adler, 그리고 Carl Jung과 같은 저명 인사들과의 불화를 초래했다. 이러한 논쟁은 정신 병리의 본질과 치료의 고유성(specificity)에 대한 입장 차이에서 비롯되었는데, 그들은 병리가 리비도적 측면과 관련되는지 그리고 치료적 작업이 무의식적 성적 갈등을 드러나게 함으로써 이루어지는지에 대해 입장을 달리 했다. 물론 그 당시, 프로이트의 주장을 지지하거나 논박할 수 있는 연구는 거의 없었다(Makari, 2008).

20세기 초반 수십 년에 걸쳐, 실증주의적 경향은 '과학(science)'의 토대로서 관찰(observation)을 강조하고 있었으며(이 책의 3장을 참고), 관찰할 수 없는 이론적 구성개념들은 매개로 하지 않았다. 따라서 실험 연구와 관찰 가능한 행동에 기초해 심리학의 임상적 적용이 이루어져야 한다고 주장하는 사람들과 자아, 원초아와 같은 관념적 구성개념들을 피해야 한다고 주장하는 사람들이 정신분석이론을 맹공격했다. 고전적 조건 형성(classical conditioning)에 대한 Ivan Petrovich Pavlov의 연구는 동물들이 어떻게 조건화된 반응을 획득하고, 그 조건화된 반응이 어떻게 소멸될 수 있으며(예, 소거), 실험 신경증이 어떻게 유발되는지를 상세히 다루었다. 유명한 'Little Albert' 연구에서, John B. Watson과 Rosalie Rayner는, 무조건적 자극(큰소리)을 조건 자극(쥐)과 짝지음으로써 공포반응이 조건화될 수 있고, 그 결과 조건 자극이 공포반응을 불러 일으킨다는 것을 증명했다(J. B. Watson & Rayner, 1920). Watson과 Rayner는 Albert의 공포를 치료하는 데는 관심이 없었지만, Mary Cover Jones는 한 소년이 토끼에 대해 느끼는 공포를 치료하기 위해, 고전적 조건 형성 패러다임을 활용해 자극(토끼)의 근접성을 점진적으로 줄이는 시도를 했다.

학습 이론(learning theory) 최초의 임상적 적용은 *체계적 둔감법(systematic desensitization)*이라는 절차를 포함하며, 이는 프로이트처럼 의사였던 Joseph Wolpe에 의해 개발되었다. 자신의 환자들을 치료하는 데 적용했던 정신분석에 환멸을 느낀 그는 두려움과 양립할 수 없는 반응인 음식 섭취가, 조건 형성된 고양이에 대한 공포반응을 줄이는 데 활용될 수 있는지를 연구하고자 했다. 그리고 이를 위해,

Pavlov, Watson, Rayner, 그리고 Jones의 연구를 살폈다. 그는 심리학자 Edmund Jacobson에 의해 개발된 점진적 이완법(progressive relaxation)을 활용하였는데, 이는 불안한 환자를 치료하기 위해 개발된 방법으로, 불안과 양립할 수 없는 반응법을 적용하는 것이었다. 이와 같은 Wolpe의 시도는 기존의 조건 형성 패러다임을 확장했다. 이러한 고전적 조건 형성의 임상적 적용은, 1958년에 출판된 Wolpe의 영향력 있는 저서 '*상호억제를 활용한 심리치료(Psychotherapy by Reciprocal Inhibition)*'에 설명되어 있는데, 흥미롭게도 이 책은 의사들에 의한 정신분석적 치료 방법의 규제가 완화되고 있던 시점과 거의 같은 시점에 출판되었다.

*행동주의*는 심리치료 분야에 있어서 '제2의 세력(second force)'이라 불려왔다. 처음부터 행동주의자들은 '제1의 세력(first force)'인 정신분석이 '비과학적인(unscientific)' 이론적 본질을 가지고 있고, 관찰 가능한 현상에 대한 연구가 아니라고 경멸하였다. 1920년, J. B. Watson과 Rayner는 정신분석적 토대를 다음과 같이 조롱했다.

> 지금으로부터 20년 후, Albert가 물개 가죽 코트에 대한 두려움(fear) 때문에 분석을 받으러 간다고 가정해보자. 프로이트의 추종자들은 그들의 가설이 바뀌지 않는 한, 그의 꿈에 대한 장황한 설명을 듣고자 그를 성가시게 할 것이다. 그리고 그 꿈에 근거해 Albert가 3살 때 엄마의 음모를 가지고 놀려다 가혹할 정도로 혼났었다고 해석할 것이다(p.14).

Fishman과 Franks(1992)는 행동주의의 과학적 면모에 대한 Watson의 초점을 다음과 같이 설명했다.

> Watson은 심리학이 과학이 되기 위해서는, **물질주의적**(관념적인 것과 반대로)이고, **기계주의적**(인격화와 반대로)이며, **결정론적**(자유 의지를 수용하는 것과 반대로)이고, **객관적**(주관적인 것과 반대로)이어야 한다고 보았다(p. 162).

실험 심리학에서 인지(cognition)의 위상이 높아지면서, 일부 행동주의자들은 그들의 이론적 모델이 내담자의 사고를 포함할 수 있도록 확장하였다. 이는 행동주의에 있어서의 중요한 변화를 의미한다. 인지라는 개인 내적인 부분은 객관적 관찰이 불가능하기 때문이다. 다음은 인지행동치료(cognitive behavioral therapy: CBT)의 근본이 되는 가정들이다(CBT: Fishman & Franks, 1992 참조). ⓐ 인간은 단순히 환경 속의 자극에 반응하는 것이 아니라, 그 자극의 정신적 표상에 반응하는 것이다. ⓑ 인간 학습의 상당 부분은 인지적으로 매개된다. ⓒ 내담자의 인지(태도, 기대, 귀인)가 정신병리의 주된 원인이며, 이러한 인지를 바꿈으로써 스트레스를 감소시킬 수 있다. 그리고 ⓓ 치료자는 부적응적 인지를 평가하고, 내담자에게 교육자이자 조언자 역할을 수행하며, 인지 그리고 그 인지와 관련된 부적응적 행동과 정서를 변화시킬 학습 경험을 설계하는 역할을 한다. 초기 인지 이론가들과 연구자들로는 Albert Ellis, Aaron Beck, Michael Mahoney, 그리고 Donald Meichenbaum이 있으며, 그 중 일부는 행동주의자였고, 다른 몇몇은 다른 접근법에서 인지-행동 이론으로 옮겨왔다(예, Albert Ellis는 정신 분석가로 훈련 받았고 실무를 수행했다).

인지치료를 행동치료의 하위체계로 보아야 할지(Fishman & Franks, 1992), 아니면 별개의 패러다임으로 분류해야 할지(Arnkoff & Glass, 1992)는 명확하지 않다. 일부 이론가와 연구자는, 인지적 과정도 행동과 유사한 방식으로 검증될 수 있고 평가될 수 있으며, 행동주의적 원리를 통해 변화될 수 있으며, 보다 전통적인 행동 기법들과 통합될 수 있다고 본다. 다른 이론가와 연구자들은, 인지치료를 행동치료와는 뚜렷이 구별되는 것으로 생각한다(Arnkoff & Glass, 1992, and Fishman & Franks, 1992를 비교할 것). 그럼에도 불구하고, 인지치료와 행동치료는 이론적, 개념적, 역사적, 그리고 정치적으로 유사하다. 논쟁의 여지가 있지만, 인지행동치료(CBT: Cognitive and Behavioral Therapy)는 전세계적으로 주된 접근법이 되었다. 혹자에겐 심리치료란 곧 CBT이기도 하다. 사회 공포증을 겪고 있는 한 여성의 치료에 대한 National Public Radio의 보고서 *All Things Considered*(Spiegel, 2004)는 다음과 같이 시작한다. "인지행동치료는 가장 빠르게 성장하고 있고 가장 엄격하게 연구된 심리치료형태이다. 미국에서는 사람들이 심리치료를 받는다고 말할 때, 그 치료가 곧 CBT를 의미하는 것이 대부분이다." 비록 일부에서는 CBT가 이러한 명성을 가질 자격이 있는지에 대해 이의를 제기하기도 했지만, CBT의 발전과 과학적 검증 덕분에 심리치료는 미국과 많은 다른 국가들의 건강 관리 체계 안에서 효율적이라 인정받는 개입방법이 되었다.

제2차 세계 대전 이후, 전쟁의 참화에서 삶의 의미를 찾고자 하는 시도와 근대성의 영향을 받아, 심리학에서는 *인본주의* 그리고 *경험적* 접근이라 불리는 '제3의 세력(third force)'이 등장했다(Engel,

2008). 이러한 이론적 접근들은 어느 정도 인본주의 철학자들(예, 케르케고르, 후설, 하이데거)에 기반을 두고 있으며, ⓐ 현상학적 관점(즉, 치료는 내담자의 주관적 세계에 대한 이해를 포함해야 한다는 것), ⓑ 인간은 성장과 실현 경향성을 추구한다는 전제, ⓒ 인간은 자기-결정 능력이 있다는 믿음, 그리고 ⓓ 지위나 행동에 상관없이 모든 개인을 존중한다는 것이 공통점이다(Rice & Greenberg, 1992). 인본주의 치료 중 가장 잘 알려진 것은 칼 로저스(Carl Rogers)에 의해 발전되고 설명된 인간-중심치료(person-centered therapy), Frederick "Fritz" Perls에 의해 제안된 게슈탈트 치료(gestalt therapy), 그리고 Rollo May와 Victor Frankl의 연구에 의해 대표되는 실존주의적 접근이다. 최초로 상담회기를 녹음하고 심리치료의 과정을 연구한 사람이 로저스(Rogers)란 점이 역설적이긴 하지만, 인본주의적 접근은 명백히 비의학적이었으며, 대체로 학습이론의 실험적 토대를 외면했다. 여러 면에서, 이러한 접근들은 과학, 의학보다는 철학과의 관련성이 더 많았다.

정신역동과 행동주의적 접근이 발전해온 것처럼, 인본주의적 접근도 여러 해에 걸쳐 발전해왔다. 특히 Leslie Greenberg, Robert Elliot과 Kirk Schneider는 인본주의적, 경험적 치료에 있어 나타나는 변화 과정을 연구하고 발전시켰다(Elliott & Greenberg, 2007; Elliott, Greenberg & Lietaer, 2004; L. S. Greenberg, Elliott & Lietaer, 1994; Schneider, 2008). *과정 경험적 치료(Process Experiential Therapy)* 또는 *정서 중심 치료(Emotion-Focused Therapy)*는 치료 과정과 결과의 관점에서 광범위하게 연구되어온 파생적 치료법으로서, 다음의 6개의 원리를 따른다.

첫째, 정서 체험은 인간 기능의 중심이며 역동적 과정이다. 둘째, 치료자의 현존과 진정성은 치료에서 애착 과정이 형성되게 하고, 그 결과 내담자는 새로운 경험을 하게 된다. 셋째, 주체성(agency)과 자기결정력(self-determination)은 진화의 산물이자, 적응적인 인간의 동기이다. 넷째, 전체성(wholeness)은 적응적이며, 이는 정서에 의해 매개된다. 따라서 정서를 지나치게 통제하는 것은 건강하지 않다. 다섯째, 이 접근에서는 평등, 임파워먼트(empowerment)와 함께, 개인차(다양성)와 다원성(pluralism)을 중요시한다. 여섯째, 성장은 내적 호기심과 적응적인 정서 과정에서 비롯되며, 차별성과 적응적 유연성으로 이어진다(Elliott & Greenberg, 2007).

인본주의적 그리고 경험적 치료뿐만 아니라, 행동치료와 그와 밀접한 인지치료 이론들이 지배적인 위치에 있던 정신분석에 도전장을 내밀었기 때문에, 정신분석 역시 발전하고 현대화되었다(Eagle & Wolitzky, 1992; Kernberg, Yeomans, Clarkin & Levy, 2008; Makari, 2008). 정신분석의 현대적 변형은 보통 *정신역동적 치료(psychoanalytic thera-pies)*로 일컬어진다. 프로이트 이론에서 파생된 한 가지 주요 이론은 대상관계학파(object relation school)이며, 이들은 타인에 대한 인간의 애착(attachment) 욕구와 초기 애착의 내면화를 강조한다. 치료는 무의식을 의식화하는 것을 중점으로 하는 것이 아니라, 비이성적으로 처벌하는 부모와 같은 아동기 경험에서 만들어진, 내면화된 나쁜 대상을 좋은 대상(치료자)으로 대체하는 것이다. 그 과정에서 치료 동맹은 중요한 치료 수단이 된다. 치료자는 전이를 해석하기보다는 '좋은 대상(good object)'으로서 반응한다. 치료에서 내담자가 퇴행하는 경우, "치료에서 행해져야 하는 것은 이러한 구조가 발달했던 시점으로 되돌아가, 새롭고 보다 나은 경로를 따라 *발달적 성장을 재개시키는 것[추가 된 표현]*이다(Eagle & Wolitzky, 1992, p. 132)."

현대 정신역동이론의 또 다른 줄기는 Henry Stack Sullivan의 연구로부터 시작된 대인관계적 심리치료다. 대인관계적 심리치료에서는, 중요한 타인과의 관계가 그 사람의 내적 세계를 이루는 필수 요소로 간주된다. 불안은 대인 관계에서 유발되며, 처음에는 유아와 엄마 사이에서 나타나지만, 성인기에는 타인과의 관계에서 반복적인 패턴으로 재현된다. 대인 관계적 치료에서는, 관찰자로서의 치료자가 상호작용하는 치료자로 대체된다. 즉, "치료자는 단순히 내담자의 두드러지는 상호작용방식에 초점을 맞추고 있는 관찰자가 아니라, 대인관계 영역의 주체이자 객체로서의 역할을 하는 필수적인 요소이다(Eagle & Wolitzky, 1992, p. 134)." Klerman과 동료들은 이 접근을 우울증에 초점을 맞춘 치료로 발전시켰다(Klerman, Weissman, Rounsaville & Chevron, 1984).

심리치료의 이론적 모델의 발전과 관련해서 명심해야 할 중요한 몇 가지 측면이 있다. 먼저, 심리치료의 설명적 모델은 의학의 모델과는 분명히 다르다는 것이다. 전형적으로 의학에서는, 특정 장애에 대한 하나의 설명 양식이 존재하고, 이에 기초하여 한 개 혹은 몇 개의 경쟁적 치료가 있다. 반면 심리치료 분야에서는, 접근 방법의 수가 급증하고 있다. 뚜렷이 구별되는 심리치료 이론만 500개 이상이며, 이 숫자마저도 계속 증가하고 있다고 추정된다(Kazdin, 2000).

흥미롭게도 원래 심리치료이론은 각각 특정 장애를 치료하기 위해 만들어졌다. 정신분석의 기원에는 히스테리 치료가 있었고, 인지행동치료는 특히 우울증을 치료하기 위해 발달되었으며, 행동치료는 불안, 그 중 회피유형 치료에 뿌리를 두었다. 각각의 치료들이 확장되어, 현재는 본래 목표했던 것보다 더 넓은 범주의 장애를 치료하는 일반적인 치료적 틀을 제공한다. 많은 이들은 이러한 이론적 접근의 대량화가 심리치료의 발달에 대한 건강한 관심이자, 치료자와 내담자 모두를 위해 다양한 선택을 가능하게 해주는 다원적 맥락을 제시한다고 본다.

또 하나 염두에 둬야 할 것은, 심리치료가 과학적 심리학의 적용이라기보다는 문화적 맥락에서 출발했다고 보는 것이 더 설득력이 있다는 점이다(Engel, 2008; Fancher, 1995; Langman, 1997; Makari, 2008; Pilgram, 1997; Taylor, 1999; Wampold, 2007). 사실 몇몇 사람들은 다양한 치료적 접근이 사회 전반에서 치유적인 방법으로 인정받아야 치료 장면에서도 힘을 갖게 된다고 제안해왔다. 정신분석은 단순히 수동적인 내담자에게 시행되는 치료방법이 아니다. 다시 말해, 정신분석이 통용되기 시작하면서, 내담자들이 스스로 정신분석을 찾았고, 정신분석이 사회에서 인정받는 치유적 방법(healing practice)이라는 사실이 치료효과에 대한 내담자의 기대에 명백한 영향을 미쳤다.

이론의 선별: 솎아내기
WINNOWING AND SIFTING THEORIES

과도하게 많은 치료적 접근법은 서로 평화롭게 공존하지 못했다. 앞서 논의한 바와 같이, 다양한 프로이트의 문하생들은 이론과 실제에 대한 견해 차이로 인해 정신분석의 중추 세력으로부터 축출되었다. 행동주의자들은 프로이트 학파가 비과학적이라고 주장하면서, 강경하고 거세게 비판했다. 심리치료 역사에서, 이론적 접근의 우월성을 주장하는 것은 대부분 과학적이라기보다는 수사적인(rhetorical) 일이었으며, 각 이론의 우월함을 주장하는 지지자들은 앞다투어 겉보기에는 기적적으로 치유된 것 같은 극적인 사례연구 결과를 내놓았다. Norcross and Newman(1992)은 그러한 상황을 매우 자세히 묘사했다.

> 심리치료에 있어 이론적 지향들 간의 경쟁은 오랜 역사를 가지고 있으며, 프로이트의 시대로까지 거슬러 올라간다. 심리치료의 초창기에 치료 체계들은 마치 서로 다투는 형제자매처럼 '도그마가 도그마를 먹어 치우는(dogma eat dogma)' 환경에서 이목과 관심을 얻기 위해 경쟁했다. 경쟁적이었던 각 이론의 지지자들이 서로 반감을 가지고 모욕적인 언사를 주고받는 것이 그 당시 풍경이었다(p. 3).

이론적 접근의 수적 팽창은 심리치료의 실제에 있어 특히 문제가 되는 몇 가지 논점을 제기했다. 첫 번째, 겉보기에는 확고한 설명체계가 있고, 각각의 질병에 대한 한두 가지 정도의 특정 치료법을 가진 의학에 비해, 다양한 이론과 수많은 치료방법을 가진 심리치료 사이의 차이는 두드러졌고, 이는 많은 사람들을 혼란스럽게 했다. 둘째, 많은 이론과 치료법, 그리고 심리과학 사이의 관련성은 빈약했다. 일부 이론의 지지자들은 심리과학과 자신들의 이론이 연관성을 갖는다는 자부심이 있었던 반면(예, 행동과 인지치료자들), 다른 이론의 지지자들은 심리과학과 거리를 두는 것처럼 보였으며(예, 정신분석 그리고 인본주의 치료자들), 또 다른 이론의 지지자들은 완전히 편향된 쪽에 서있는 듯 했다(말장난을 좀 하면, 사고 장 치료(thought field therapy)의 치료자 들처럼). 실제로, 1996년에 Singer and Lalich(1996)는 "*Crazy*" *Therapies* 라는 제목의 책을 출간했는데, 전적으로 부당하진 않으면서도 비주류로 여겨지는 많은 치료법들을 대중에게 알리기 위한 것이었다. 그러나 나중에 더 논의하겠지만 심리치료에 대한 정당한 그리고 부당한 접근을 구별하는 것은 어렵다. 즉, 혹자에게 선호되는 방법이 다른 사람에게는 비주류 치료로 간주될 수 있다(예, 안구 운동 둔감화 절차, Davidson & Parker, 2001; Herbert et al., 2000; F. Shapiro, 1989 참조). 세 번째 문제는 500개 이상 되는 치료 접근은 대중들로 하여금 심리치료의 본질을 혼란스러워하게 만들고, 또 누구나 예견할 수 있듯이, 치료자의 교육과 훈련에도 어려움을 야기시킨다는 것이다. 네 번째 문제는 심리치료가 보건 의료 서비스 전달 체계(health care delivery system) 안에서 승인된 치료가 되기 위해 고군분투해 왔다는 것이다. 효과적이라고 주장하는 다양한 치료가 수없이 많다는 것은 정신 건강 서비스에 지원할 금액이 제한적으로 책정되어있는 제3의 지불인들(third-party payers), 즉 심리치료 비용을 보장해주는 보험회사나 사회복지기관의 입장에서는 문제가 된다.

미국에서, 치료 방법의 숫자가 급증함에 따라 제기된 문제들을 다루기 위해, 임상심리학회(Society of Clinical Psychology, 미국 심리 학회의 12개 분과 중 하나)는 과학적으로 타당한 치료를 확인하기 위한 Task Force을 구성했다(Task Force on Promotion and Dissemination of Psycho-logical Procedures, 1995). 이 프로젝트의 목적은 '임상심리학자들, 제3의 지불인들(third-party payers), 그리고 대중들을 대상으로 효과적인 심리치료가 무엇인지를 알리는 방법을 고려하는 것'이었다(Task Force on Promotion and Dissemination of Psychological Procedures, 1995, p. 1). Task Force에서 정한 기준을 충족시킨 경우, 해당 치료방법은 *경험적으로 타당화된 치료(Empirically Validated Treatmen: EVT)*로 분류되었다. 그리고 25개의 치료방법을 EVT로 인정하기에 이르렀다(Garfield, 1996; Henry, 1998; Wampold, 1997; Westen, Novotny & Thompson-Brenner, 2004). 1996년에는, EVT의 목록이 보다 명확하게 정리되고 확대되었다. Task Force가 목록에 포함되지 않은 치료방법도 효과가 있을 수 있다고 조심스럽게 접근했음에도 불구하고, 결과적으로는 치료법을 양분시켰다. 즉, 심리치료가 EVT로서 지정된 치료법과 지정되지 않은 치료법으로 나뉘게 된 것이다(Garfield, 1996; Henry, 1998; Wampold, 1997; Westen, Novotny & Thompson-Brenner, 2004). EVT 프로젝트는 매우 중요한 방식으로 500개가 넘던 심리치료법을 50개가 채 되지 않는 심리치료법으로 줄였는데 이렇게 압축된 목록에 포함된 심리치료법은 주로 임상 실험에 기초한 연구를 통해 효과적이라고 검증된 것이었다. 심리치료를 '과학적 접근(scientific approaches)'으로 제한하려는 유사한 노력이 전세계 다양한 나라에서 실시되었다(예컨대, 독일, Schulte, 2007 참조). 과도하게 많은 심리치료 중 '효과가 있는 치료법'을 알아봄으로써 선별해가는 과정은, 지속되어야 할 합리적이고 신중한 과정일 수 있다. 그러나 경험적으로 타당화된 치료를 선별하려는 움직임은 많은 비판과 반대를 불러 일으켰고(Garfield, 1996; Henry, 1998; Wampold, 1997; Westen et al., 2004), 그 논쟁은 심리치료 분야 안에서 몇 가지 긴장상황을 만들었다. 심리치료 방법을 선별하는 것이 경험적으로 타당화된 치료(EVT)나 '과학적(scientific)' 치료 부류에 속하는 치료방법에는 권위를 부여하고, 이에 해당하지 않는 치료방법은 불리한 처지에 놓이게 한다는 것이 비판의 핵심적 내용이었다. Garfield(1996)는 일찍이 과학의 불확실성과 결론의 진화적 특성에 대한 문제를 제기하면서 치료법이 과연 타당화될 수 있는지에 대한 우려를 계속적으로 표명했다. 이러한 문제에 대한 대응으로, 기존의 '타당화된(validated)'이라는 표현은 '지지된(supported)'으로 수정되었다. 그리고 1998년에 와서는 그 기준을 통과한 심리치료들을 *경험적으로 지지된 치료법(Empirically Supported Treatment: EST)*이라고 불렀다.

몇몇 비평가들은 경험적으로 타당화된 치료/경험적으로 지지된 치료(EVT/EST) 프로젝트가 심리치료의 의학적 모델과 밀접한 연관을 갖는 것에 주목했다(Garfield, 1996; W. P. Henry, 1998; Messer, 2004; Wampold, 1997, 2001b; Wampold & Bhati, 2004). 사실, 입증된 효과를 가진 치료법들을 확인하는 이면에 숨어있는 동기 중 하나는 보건의료 서비스 전달 체계 내에서 경쟁력을 갖기 위한 것이었다. "생물학적 정신 의학의 전성기인 이 시대에서 임상 심리학이 살아남으려면, APA는 입증된 효과를 지닌 다양한 치료법들의 장점을 강조하는 조치를 취해야 한다(Task Force on Promotion and Dissemination of Psychological Procedures, 1995, p. 3)." 그러나 결과적으로 의학과의 연대는 보다 심화되었고, 하나의 심리치료를 경험적으로 지지된 치료법(EST)으로 지정하는 기준은 의약품을 승인하는 식품의약처(FDA) 기준에 따라 형성되었다(Wampold, 2001b; Wampold, Lichtenberg & Waehler, 2002). 특정 개입 형태(약이나 심리적인 형태)가 위약 효과를 능가하는 치료적 우수성을 가졌는지 증명하기 위해, 무작위 대조군 실험(randomized controlled trials)을 요구하는 기준은 의약품 효능 검증을 위한 FDA의 요구 기준과 매우 유사하다. 사실, Task Force(Task Force on Promotion and Dissemination of Psychological Procedures)가 심리치료의 고유성을 확고히 하고, 의학 기준에 상응하는 심리치료효과 검증 기준을 형성하는 데 관심을 두었는데도 불구하고, 특정 유형의 심리치료들은 EST 기준을 충족시키기에 상대적으로 더 유리했고 특권을 부여 받은 것처럼 보였다.

> 우리(Task Force)는 대기 명단에 있는 통제 그룹과 대조하여 심리치료의 효과를 확인하는 것만으로는 충분하지 않다고 생각한다. 심리학자들이 그와 같은 증거에만 의존한다면, 의학적 개입의 타당성을 검증하기 위해 수많은 이중 맹검 위약 실험(double-blind placebo trials)을 하는 정신과 의사들과 비교하였을 때, 심각하게 불리한 위치에 처하게 된다(Task Force on Promotion and Dissemination of Psychological Procedures, 1995, p. 5).

그 기준은 모든 심리치료가 임상 실험이나 단일-사례 반복 설계(single case repeated design)라는 이름의 연구 방법을 채택할 필요가 있고, 치료 매뉴얼을 가지고 있어야 한다고 명시하고 있었기 때문에(Kiesler, 1994), 행동치료와 인지행동치료가 이득을 봤고(Garfield, 1996; Henry, 1998; Messer, 2004; Wampold, 1997, 2001b; Wampold & Bhati, 2004), 좀 더 인본주의적 전통을 가진 다른 치료는 불이익을 받았다는 주장이 있다(Schneider, 2008). 임상 실험은 비용이 많이 들고, 치료 매뉴얼이 필요하다는 기준 역시, 행동치료와 인치 치료 같은 구조화된 치료에만 적합하다. 단일-사례 설계(single case design)는 다른 접근법보다 행동주의적 개입에 더 적절하다. 따라서 자금 지원은 대부분 행동치료와 인지치료에 편향되었다.

또 다른 비판은, 그 기준이 치료방법의 확인에 초점을 두었고, 그 결과, 치료와 치료자 그리고 치료가 시행되는 맥락에서의 공통 요인은 강조되지 않았다는 점이었다(Garfield, 1996; Henry, 1998; Messer, 2004; Wampold, 1997, 2001a, 2001b; Wampold & Bhati, 2004). 하지만 성공적인 치료를 위해서는 공통 요인들과 치료의 맥락이 중요하다. 그리고 어떤 유형의 치료가 제공되었는가, 하는 것은 치료 결과에 있어서의 차이, 즉 효과 차이를 거의 설명하지 못한다. 이 책에서는 나중에 이와 같은 사실을 뒷받침할 증거를 제시할 것이다. 즉, EST는 치료 방법에만 초점을 맞추고, 공통 요인과 같은 다른 중요한 변인들의 영향은 간과하였다(Wampold, 2001b, 2007).

경험적으로 지지된 치료법(Empirically Supported Treatment: EST)은

이와 같은 비판에도 불구하고 심리치료의 효과를 대중에게 알리는 데 중요한 역할을 해왔고, 심리치료가 미국의 보건 의료 서비스 전달체계에서 적법한 치료가 되는 데 일조했다(Barlow, 2004; Wampold, 2007). EST에 대해 제기된 문제들은 심리치료 이론의 연구에 있어 중요하다. EST는 효과에 대한 과학적 증거가 존재하는 치료(예컨대, EST)의 교육과 훈련에만 초점을 맞추고자 했다. 한편 본 시리즈에서는 보다 자유로운 관점이 채택된다. 보다 많은 심리치료 접근법이 타당성을 갖고 있으며, 과학적 증거 역시 이런 포용적인 관점을 지지하고 있기 때문이다.

EST 목록을 최신화하기 위한 노력은 시들해졌고, Task Force는 1996년 이후에는 보고서를 간행하지 않았다. 그럼에도 불구하고, 경험적으로 입증된 치료법을 확인하고 그 치료법과 다른 치료법을 구별하기 위한 시도는 계속되어왔다. 최근 의학 분야에서는 치료의 질을 향상시키기 위해 연구 자료를 증거로 사용하려는 움직임이 보인다. 의학 분야에서 *증거 기반 치료(Evidence-Based Treatment: EBT)*는 '최고의 연구 증거(research evidence)를 임상적 전문지식 그리고 환자의 특성과 통합하는 것'을 말한다(Sackett, Straus, Richardson, Rosenberg & Haynes, 2000, p. 147). 의학 분야의 행보를 따라, 미국 심리 학회(APA)는 심리학에서의 증거 기반 치료를 '환자의 특성, 문화, 그리고 선호를 고려하여 가장 활용가능성이 높은 연구를 임상적 전문지식과 통합하는 것(APA Presidential Task Force on Evidence-Based Practice, 2006, p. 273)'이라고 정의하였다. APA는 의도적으로 증거의 본질에 대해 넓은 관점을 취했다.

> *가장 좋은 연구 증거(Best research evidence)란*, 심리학 그리고 관련 분야에서 실시하는 기초 연구들 중 임상적으로 적용 가능한 결과뿐만 아니라, 실험실과 실제 상담 환경에서의 개입전략, 평가, 임상적 문제, 그리고 환자에 관한 과학적 연구 결과도 의미하는 것이다. APA는, 효과적인 심리치료의 실제에 기여하는 다양한 유형의 연구 결과를 증거(예, 효능, 효과, 비용-효과, 비용-이익, 역학적 내용, 치료 활용도)로 인정한다(APA Presidential Task Force on Evidence-Based Practice, 2006, p. 274).

증거-기반 심리치료에 대한 미국 심리학회(APA)의 정책은 아래에서 인용한 것과 같다. 즉, 특정 치료법이 그 효과에 대한 증거를 기반으로 특권을 가진 치료로서 지정되는, EST와 같은 체계를 지지하지 않는 것이었다.

> Task Force(Task Force on Promotion and Dissemination of Psychological Procedures)는 특정 장애의 치료에 대해 구체적인 권고를 하지 않았다. 또한 특정 장애를 치료하기 위해서 특성화되고 타당화된 치료만이 심리학적 작업의 영역에서 적용할 수 있는 *단 하나뿐인* 적절한 치료라 여기는 장애-특수적 접근을 지지하지도 않았다(Wampold, Goodheart & Levant, 2007, p. 617).

증거 기반 치료(Evidence-Based Treatment: EBT)가 치료효과에 대한 실증 증거를 가지고 있는 치료를 지정하기 위해 사용되는 용어임을 고려했을 때, 앞서 언급한 사실은 중요한 함의를 가진다(De Los

Reyes & Kazdin, 2008 참조). EBT는 다양한 평가 시스템을 제안하기는 했지만(De Los Reyes & Kazdin, 2008), 치료법들을 *EBT*라고 판단하는 일반적인 기준과, 이 기준에 해당하는 증거인지 여부를 판단하는 기관이 심리학 분야 내에 존재하지 않는다는 점(Western, Novotny & Thompson－Brenner, 2005)에서 EST와는 다르다. EBT라는 용어는 대부분 특정 치료법의 지지자들이 자신들의 치료법에 대해서, 효과가 있다는 증거가 있음으로 특권을 부여 받아야 한다고 주장할 때 자주 사용된다. 어떤 치료법이 치료효과에 대한 과학적 증거를 가진 치료법으로 지정되느냐는 하는 문제는 부분적으로 역사, 우선순위, 문화적 맥락에서 결정된다. 예를 들어, 독일에서는 환자들이 심리치료를 받을 경우, 치료비 지원을 받을 수 있는 과학적인 방법인지를 결정하는 과학 자문 이사회(the Scientific Advisory Board)가 있는데, 이곳에서는 정신 역동과 인지－행동적 치료법들을 '과학적인 방법(scientific recognized)'으로 인정을 하고 있다(Schulte, 2007).

이처럼 심리치료의 기원과 심리치료에 대한 다양한 이론적 접근은 지속적으로 검토되어 왔다. 다수의 접근방법이 존재하며, 각 접근법의 지지자들은 그 중요성, 유용성, 그리고 유효성에 대해 열렬한 지지를 보낸다. 그리고 이러한 열정은 현존하는 접근들의 발전뿐만 아니라 건강한 이론적 다양성 역시 이끌어낸다. 1970년대에는 많은 이들이 단일 학파에 대해 불만을 가졌다. 따라서 학파의 경계를 넘어선 조망으로 심리치료와 인간 변화에 대해 다양한 사고방식을 배우기를 바랐다(Arkowitz, 1992, p. 262). 이제부터는 이러한 대안들에 대해 간략히 살펴보고자 한다.

단일 이론 추종에 대한 대안들:
통합, 절충주의, 공통 요인, 그리고 포스트모던적 접근
ALTERNATIVES TO ALLEGIANCE TO A SINGLE THEORY:
INTEGRATION, ELECTICISM, COMMON FACTORS, AND POSTMODERN APPROACHES

단일 이론에 기초한 접근 방법을 탈피하는 데에는 통합, 절충주의, 그리고 공통 요인이라는 세 가지 전략이 사용되어 왔다. 또한 심리치료가 다양한 문화적 집단들에게도 수용될 수 있고 효과적일 수 있도록 하고자, 다문화 상담과 다문화 심리치료의 움직임이 시작되었다. 하지만 이 움직임은 기존의 다양한 이론을 통합한 것이라기보다는 기존의 다양한 이론에 스며들어간 것이라고 볼 수 있다.

이론적 통합
Theoretical Integration

이론적 통합은 두 가지 이상의 이론을 하나의 개념으로 종합하는 것이다. 통합(integration)은, Dollard와 Miller(1950)의 영향력 있는 저서 '*성격과 심리치료: 학습, 사고, 그리고 문화에 관한 분석(Personality and Psychotherapy: An Analysis in Terms of Learning, Thinking and Culture)*'에서 시작된 것으로 보인다. 이 저서는 정신분석과 행동주의를 종합하여 신경증에 대한 하나의 설명을 제시했다(Arkowitz, 1992). 또 모델링, 자기-통제 전략, 그리고 과제 내주기를 조합한 치료 방법을 제시함으로써, 여러 행동 전략을 정신분석 치료 안에 도입시켰다. 그러나 Dollard와 Miller의 치료는 거의 지지 받지 못했다. 아마도 정신분석과 행동치료 모두 스스로의 정통성을 지키고자, '세력을 결합(combining forces)'한다는 개념을 거부했기 때문일 것이다(Arkowitz, 1992; Stricker & Gold, 1996).

1960년대와 1970년대에 들어, 정신역동적 치료자들의 치료는 보다 구조화되고, 지금-여기에서의 대처 전략에 관심을 기울였으며, 내담자의 책임을 강조하기 시작하였다(Arkowitz, 1992). 행동치료자들은 인지와 같은 매개적인 구성개념을 그들의 모델에 포함시켰고, 치료적 관계와 같은 부수적인 요소의 중요성을 인정하기 시작하였다. 이로 인해 여러 치료법 사이에 존재하던 엄격한 경계들이 느슨해졌다(Fishman & Franks, 1992). 이러한 경계의 완화를 기반으로 Wachtel(1997)은 *정신분석과 행동치료: 통합을 향해(Psychoanalysis and Behavior Therapy: Toward an Integration)*라는 저서에서 정신분석과 행동치료의 의미 있는 통합을 시도하였다. Wachtel은 성격과 병리에 대한 통합된 이론뿐만 아니라 이와 조화되는 다양한 치료 기법을 제시했다. Arkowitz(1992)는 Wachtel이 말한 통합의 본질을 다음과 같이 요약했다.

> Wachtel은 정신역동적 관점에서, 우리가 세상과 상호작용하는 데 영향을 미치는 무의식적 과정과 갈등 그리고 판타지와 의미의 중

> 요성을 강조했다. 또한 행동주의의 측면에서, 적극적인 개입 기법의 사용, 행동의 환경적 맥락에 대한 관심, 환자가 원하는 치료 목표에 대한 초점, 그리고 경험적 증거에 대한 존중을 구성 요소로서 포함하였다. 적극적인 행동적 개입은 새로운 통찰을 이끌어 내는 자원이 될 수 있으며, 통찰은 행동 변화를 촉진시킬 수 있다고 보았다(pp. 269-269).

Wachtel의 업적은 종합된 이론에 부합하는 치료적 조치를 제시했다는 점에서 이론적 통합의 원형(template)이 되었다(Stricker & Gold, 1996). 그는 통합적 모델을 제시했을 뿐만 아니라 행동치료와 정신역동적 치료의 치료방식에도 영향을 미쳤다. 즉, 정신역동적 치료자는 뚜렷이 구분되는 목표와 그 목표를 달성하기 위한 방법에 보다 집중하게 되었고, 행동치료자는 정신역동의 용어로 사례를 개념화할 수 있게 되었다.

이와 같은 Wachtel의 중대한 업적으로 인해, 심리치료를 통합하는 이론은 숫자적으로도 증가하였고, 학자들과 치료자들이 통합에 보이는 관심도 증가하였다(Wampold, 2005). 여기에서 인용하는 두 권의 안내서에 이에 대한 근거가 제시되어있다(Norcoss & Goldfried, 1992, 2005). 하지만 이론적 통합을 시도하는 움직임이 해결해야 할 문제점은 몇 가지 더 있다(Arkowitz, 1992; Wampold, 2005). 본질적으로 통합된 이론이란, 별개의 이론적 접근이 되므로 결국에는 치료 접근법의 수를 늘리는 위험이 존재한다(Arkowitz, 1992; Wampold, 2005). 현재의 심리치료 대부분은, 순수성을 표방하는 고유한 명칭으로 불리고 있기는 하지만, 이미 다양한 이론과 기법의 혼합된 결과물이다. 예를 들어, 인지행동치료(CBT: Cognitive-Behavioral Therapy)는 여러 인지적 원리를 행동주의의 틀에 통합시킨 것이다(Fishman & Franks, 1992). 다양한 마음 챙김 기법은 CBT 안으로 통합되어 왔다(예, 변증법적 행동치료; Linehan et al., 2006). 통합 모델은 다음과 같은 흥미로운 연구 문제도 제기한다. 통합 치료의 효과가 밝혀진다 해도, ⓐ 통합 치료의 기반이 된 순수한(pure, 섞이지 않은) 치료법보다 통합 치료가 반드시 더 효과 있다고 볼 수 있는지, ⓑ 그 효과성이 통합에 기인한 것인지 아니면 한 가지 이상의 다양한 구성요소를 포함하고 있기 때문인지는 불명확하다. 그럼에도 불구하고, 이론적 통합은 '한 가지의 순수한 관점(one true light)'은 한계가 있다고 생각하는 치료자들과 다양한 이론적 호기심을 가진 치료자들에게 매력적으로 다가온다. 또한 내담자들 역시 그러한 융통성을 환영하고, 이를 통해 도움을 받을 수 있다.

기술적 절충주의
Technical Eclecticism

Paul(1969)은 다음과 같은 질문을 던졌다. "특정한 문제를 가진 어떤 한 사람을 위하여, 어떤 환경에서, 무슨 치료가, 누구에 의해 행해졌을 때 가장 효과적이며, 이러한 효과는 어디에서 기인하는가?(p. 111)" Paul의 질문에 대한 답으로, 기술적 절충주의(technical eclecticism)에서는 특정 장애, 내담자의 특성, 그리고 문제가 발생한 맥락을 토대로 각 내담자들을 위한 최적의 접근방법이 무엇인지 알아보는 데 초점을 맞춘다. 기술적 절충주의에서는 경험적인 방식으로 최적의 개입방법을 찾으려 하기 때문에, 이론은 상대적으로 중요하지 않다. 기술적 절충주의에 있어 가장 눈에 띄는 것은 Arnold Lazarus의 중다 양식 치료(multimodal therapy)(Lazarus, 1981 참조)와 Larry Beutler의 체계적 절충 치료(systematic eclectic psychotherapy)(Beutler & Clarkin, 1990 참조)이다. 이 두 가지 접근법 모두 사회 학습 이론을 기초로 하지만, 기법 측면에서는 그 어떤 제한도 없다. 기술적 절충주의에서는 충고나 제안을 거부하는 내담자(저항 가능성이 높은 내담자)의 경우, 상대적으로 구조화가 덜한 치료로부터 도움을 받을 것이라는 식으로 권고를 한다(Beutler, Harwood, Alimohamed & Malik, 2002).

공통 요인
Common Factors

최근 몇 년에 걸쳐 *공통 요인(common factors)*에 대한 논의, 즉 특정한 치료와만 관련 있는 요인이 아니라 다양한 치료 접근의 공통적 측면이 성공적인 치료를 이끌어내는 결정적인 요소일지도 모른다는 점이 자주 논의되고 있다. 공통요인이란 공감적인 치료자와의 관계, 심리적 고통 때문에 치료 받고자 하는 내담자, 치료의 구조, 그리고 희망을 갖게 하는 것과 같이, 대부분 혹은 모든 심리치료가 가지고 있는 치료적 측면이다. 공통 요인은 현대적인 개념으로 보이지만, 실은 20세기 초반에 그 뿌리를 두고 있다. 1930년대에, 심리치료의 수는 눈에 띄게 증가했다. 정신분석의 정통성은 Karen Horney, Alfred

Adler, Carl Jung, 그리고 Harry Stack Sullivan과 같은 신-프로이트 학파가 여러 접근법을 내놓으면서 다양해졌다(Cushman, 1992). 동시에 Christian Science교도 여전히 신앙에 기반을 둔 심리적 개입으로 대중적인 인기를 유지하고 있었다. 비교적 역사가 짧은 전문 분야를 활성화시키기 위해서는 치료의 효과 혹은 성공(success)을 주장하는 것이 중요했다. 따라서 각 접근의 지지자들은 자신들의 치료의 성공을 주장하였고, 그에 따른 엄청난 이득을 보게 되었다. 그로 인해 각 치료 접근은 그 치료의 절차를 고수하는 치료자에 의해 행해지는, 즉 각 치료만의 독특하고 강력한 치료법 때문에 효과가 있는 것이라는 개념이 강화되었다.

하지만 1930년대에 와서, Rosenzweig(1930)는 다양한 심리치료로부터 얻을 수 있는 이점은 모든 접근법이 가지는 공통적인 치유적 요인에서 비롯하는 것일지도 모른다고 예견하였다. 그 당시 이와 같은 관점은 이론에 대한 이단적 견해에 해당했다! Rosenzweig는 치료 장면에서 신뢰 받는 유능한 치료자가 제공하는 모든 치료적 접근법이 대략 동일한 효과를 가져오기 때문에 어떤 치료적 접근 방법을 따랐는지는 중요하지 않다고 주장했다.

> 자신들의 이론적 접근에 자부심을 갖고 있는 추종자들은 치료에서 이론적 접근을 언급하거나 암시한 경우, 혹은 심지어 자신의 이론적 접근을 말하지 않더라도 치료가 성공하는 경험을 했다. 자신의 생각(ideology)이 사실로 증명되면 다른 것들은 거짓이라고 생각한다… [그러나] 그들은 곧 어떤 치료적 상황이든지 그 과정 속에는,

> 치료자들이 의도적으로 활용하는 방법과 의식적으로 가지는 이론적 기초 외에, *인식되지 않은 요소*가 반드시 존재하며, 이 요소도 의도적으로 활용하는 것보다 훨씬 더 중요하다는 사실을 깨닫게 된다(p. 412).

Rosenzweig(1936)는 *이상한 나라의 엘리스*의 비유를 들어 각 치료법이 나타내는 결과적 등가성에 대해 이야기하였다. "마침내 도도가 말했다. '모두가 이겼다. 그리고 모두가 반드시 상을 받아야 한다'(p. 412)" Luborsky, Singer, 그리고 Luborsky(1975)가 쓴 중요한 문헌에서도 이 비유가 계속 사용되었는데, 그 문헌은 이 이야기의 구절을 부제로 달면서 Rosenzweig가 옳았을지도 모른다는 연구 증거를 제시했다. 이에, 오늘날 치료법들의 등가성은 간단하게 '*도도새 효과(dodo bird effect)*'라고 불린다. 이러한 반직관적인 생각(counterintuitive idea)에 대한 경험적 증거는 이 책 뒤쪽에서 논의하려 한다(4장 참고).

공통 요인이라는 개념은 1960년대에 어느 정도 인기를 얻었는데, 가장 주목할 만한 것은 Jerome Frank의 '*설득과 치유(Persuasion and Healing)*'라는 저서다(Frank & Frank, 1991). 사실 Frank의 모델은 여러 치유 방법을 다루는 횡문화적 모델이며, 네 가지의 구성요소를 포함하는 특별한 경우이다(Wampold, 2007). 첫 번째 구성요소는 치유자(예, 심리치료 장면에서의 치료자)와 내담자 사이에 맺어지는 정서적으로 강렬하면서 서로 신뢰할 수 있는 관계이다. 두 번째는 치료 방법이 실시되는 맥락으로, 그 안에서 치유자는 특별한 지위를 부여 받고 치유할 수 있는 힘을 가진 것으로 인식된다. 심리치료 사례에서,

치료자는 전문가이며(수련, 학위 그리고 자격증을 가졌다는 측면에서), 내담자에게 가장 효과적이고 도움이 되도록 작업한다고 인식된다. 세 번째 구성요소는 치유자가 취하는 조치들이 내담자에게 설득력 있고 강력한 설명력을 가지고 있다는 것이다. Frank 외 여러 사람들은, 이 설명이 과학적으로 타당해야 할 필요는 없다고 보아(Wampold, 2007), 합리적인 설명을 *신화(myth)*라는 용어로 대신 사용했다. 즉, 내담자의 고통에 대한 설명이 내담자에 의해 받아들여져야 한다는 것이 중요하고, 이와 같은 설명은 존재하는 문제를 해결하는 방책으로 이어져야 한다는 것이다(Wampold, 2007; Wampold, Imel, Bhati & Johnson Jennings, 2006). 심리치료에 있어서, 합리적 설명 또는 신화는 치료자가 사용하는 이론적 모델이다.

네 번째이자 마지막 구성요소는 치료 작업이며, Frank는 이를 *절차(procedure)* 혹은 *의례(ritual)*라고 불렀다. 모든 심리치료는 일련의 절차를 가지고 있으며 그 절차는 치료의 이론적 설명과 일관성을 갖는다. 예를 들어, 정신역동 치료자들은 해석을 하고, 경험주의적 치료자들은 지금－여기에서의 감정과 경험을 탐색하도록 촉진시키며, 인지치료자들은 비합리적 혹은 부적응적 인지(cognitions)를 변화시키도록 내담자를 돕고, 행동치료자들은 그 내담자를 두려운 자극에 노출시키는 기회를 만든다.

Frank의 모델에서 말하는 설득력 있는 이론과 합리적 설명, 그리고 그 설명과 일관된 치료 작업의 존재는 공통요인을 의미한다. 결론적으로, 이러한 요소를 가지고 있지 않은 절차는 심리치료의 본질적인 측면을 포함하지 않는 것이다. 다양한 심리치료 관련 임상 실험에서는, 내담자가 치료자와 만나고, 치료자는 내담자에 반응하며, 내담자의 정서를 반영할 수 있는 *치료 조건(treatment conditions)*으로 통제 조건을 구성한다. 하지만 이 조건 하에는 어떠한 이론적 설명도 존재하지 않고, 어떠한 치료적 조치를 취해야 하는지를 치료자가 알고 있다 해도 개입은 하지 않는다. Frank의 모델을 따라 살펴보면, 이 통제 조건은 공통 요인의 전체를 포함하고 있지 않으며, 가장 중요한 공통 요인 중의 두 가지, 즉 이론적 설명(신화) 그리고 치료적 작업(의례)이 결여되어 있다. 따라서 실험조건이 통제조건보다 효과가 있는 것으로 드러나더라도 이것이 특정요인의 영향 때문인지 공통요인의 결여 때문인지를 알기 어렵다. 심리치료의 효과가 어디서 비롯되는지와 관련된 연구결과들을 이해하려면, 심리치료 절차에 치료의 이론적 설명과 치료적 작업이 포함되었는지를 살펴보는 것이 매우 중요하다.

Rosenzweig(1936)가 심리치료의 효과는 바로 심리치료의 공통 요인에서 기인한다고 제안한 이후, 모든 심리치료에 공통된 치료적 측면이 무엇인지를 확인하려는 시도가 이어졌다. Goldfried(1980)는 각 치료 기법과 이론적 지향의 전략을 구성개념으로 추상(abstraction)화하여 논의했고, 이러한 추상적 혹은 이론적 수준에서의 검토를 통해 치료적 변화의 공통 원칙을 밝혀낼 수 있다고 시사했다. 그는 모든 치료 기법이 공통적으로 갖고 있는 두 가지 원칙을 제안했다. 이는 내담자에게 새로운 교정적인 체험을 제공하는 것과 직접적인 피드백을 제공하는 것이다. Castonguay(1993)는 치료적 전략과 같은 치료자의 조치에 초점을 맞추는 것은 심리치료의 다른 공통적 측면의 효과를 무시하는 것이란 점에 주목했다. 그는 심리치료의 공통 요인을 이해하는데 하려면 필요한 세 가지 의미(meanings)를 구별하여 제시했다. 첫 번째 의미는, Goldfried가 치료적 전략을 추상적 수준에서 바라본 것과 유사하게, 특정 접근법에 한정되지 않은, 접근법 전반에 걸쳐 공통된, 치료적 작업의 광범위한 측면을 말한다. 통찰, 교정적 체험, 정서 표현의 기회, 그리고 숙달된 느낌의 획득을 예로 들 수 있다. 두 번째 의미는 치료 작업의 부차적인 측면과 관계되는데, 주로 대인 관계적, 사회적 요소를 가리킨다. 이 두 번째 의미는 치료적 맥락과 치료적 관계(예, 작업 동맹)를 아우른다. 세 번째 의미는 치료 결과에는 영향을 주지만 치료적 활동은 아니며, 대인 관계적/사회적 맥락과도 관련 없는 치료의 측면과 관련된다. 이 마지막 의미는 내담자의 기대와 내담자가 치료 과정에 참여하는 정도를 말한다.

연구자들은 공통 요인에 대한 개념적인 틀을 만들려는 시도를 하였다. Grencavage와 Norcross(1990)는 치료법들 사이의 공통점을 논의한 출판물 자료를 검토하였고, 그 공통점을 다섯 가지 영역으로 나누었다. 다섯 가지 영역은 내담자의 특성, 치료자의 자질, 변화의 과정, 치료의 구조, 그리고 관계적 요소를 포함한다. Lambert(1992)는 심리치료의 성공을 이끄는 다양한 요소를 분석하여, 치료의 효과에 기여하는 중요도에 따라 ⓐ 내담자/치료 외적 요소, ⓑ 관계적 요소, ⓒ 위약 효과, 희망, 그리고 ⓓ 모델/기법적 요소 등의 네 가지 범주로 나누었다. Lambert에 따르면, 가장 중요한 요소인 내담자/치료 외적 요소들은 내담자의 특성과 치료실 밖에서 일어나는 사건을 포함한다. 명백히, 치료 과정에서 일어나는 것의 상당 부분은 치료의 결과로서 간접적으로(예, 우울한 남편이 아내에게 자신의 스트레스에 대해 말하는 것), 혹은 뜻하지 않게발생하는 사건(예, 내담자의 부모가 예기치 않게 죽는 것)뿐만 아니라, 내담자의 동기, 자원(예, 사회적 지지), 그리고 성격 구조와 관련된 것이다. Lambert는 관계적 요소가 그 다음으로 가장 중요한 측면이라 보았는데, 문제 해결을 위해 치료 작업을 촉진시키는, 진정하고, 공감적인, 그리고 배려적인 치료자와 관계를 형성하는 측면을 말한다. 세 번째 요소인 위약 효과, 희망, 그리고 기대란 그 치료가 도움이 될 것이라는 내담자의 믿음으로, 내담자로 하여금 도움을 얻기 위해 치료 장면의 전문가를 찾도록 하는 역할을 한다. 마지막으로, Lambert가 말하는 모델/기법적 요소는 성공적인 치료적 측면을 설명한다. 다시 말해, 특정한 치료가 가지고 있는 특수 요소는 심리치료효과의 한 부분을 설명한다. 공통 요인이 갖는 힘을 알리는 역할을 했던 '*변화의 실체(Heart and Soul of Change)*(Hubble, Duncan & Miller, 1999a)'라는 유명한 저서는 이와 같은 Lambert의 범주(Hubble, Duncan & Miller, 1999b)에 따라 쓰여져 있다.

공통 요인에 대한 다양한 논의에서 드러나는 문제점 중 하나는 공통 요인이 마치 전체 집합에 들어가야 하는 구성요소처럼 개별적으로 나열되어 있거나, 혹은 부분 집합으로 범주화되어 있다는 것이다. Frank의 모델(Frank & Frank, 1991)은 통합적이다. 즉, 인류 문명 전반의 전통적인 치유적 작업에서 늘 그래왔던 것처럼, 다양한 공통 요인이 함께 조화를 이루어내는 방식에 대해 설명한 이론적 모델이다(Wampold, 2007). Frank가 제시한 것 외에도 다른 통합적 모델이 제안되어 왔으며, 그 중 대표적인 것으로 Orlinsky와 Howard(1986), Weinberger와 동료들(Weinberger, Rasco & Hofmann, 2007), 그리고 Wampold와 동료들(Imel & Wampold, 2008; Wampold, 2001b, 2007)의 모델을 꼽을 수 있다.

포스트모던 시대의 발전상
Postmodern Developments

포스트모던 시대의 철학은 복잡하고 개념적으로도 잘 정의되어 있지 않지만, 최근 심리치료 이론에 그 중 몇 가지 개념이 반영되고 있다. 포스트모더니즘(Postmodernism)은 역사, 윤리, 도덕, 그리고 사회 과학이 사회적 상호작용의 맥락 안에서 만들어진 것이며, 당연한 것으로 여겨지는 것의 상당 부분이 실제로는 사회적으로 구성된 것이라 본다. 또, '진실(truth)'이란 혹은 진실로 여겨지는 것은 권력에 의해 만들어진 것이라고 간주한다. 그리고 새로운 구성개념은 문화적 접근성을 고려해 도입되어야 한다는 점을 인정한다.

다문화 상담(multicultural therapies)과 다문화 심리치료가 포스트모더니즘의 영향을 받았다고 말하는 심리치료 관점은 다문화 이론은 사람들을 그들의 마음에 존재하는 정신장애를 기준으로 하는 개념에 도전하며, 문제의 기술 혹은 치료 과정에는 문화적인 고려 사항이 핵심이 되어야 한다고 주장한다(Coleman & Wampold, 2003; Gielen, Draguns & Fish, 2008; Gielen, Fish & Draguns, 2004). 이와 같은 다문화적 관점은 특정 장애를 위한 특정 치료의 발달, 특히 문제의 원인이 정신 내부에 있다는 것을 가정하고 문화적인 영향을 무시하는 치료들의 발달과는 여러 가지 면에서 대비된다. 미국과 다른 많은 나라들에서 거주자들의 구성이 다양해짐에 따라, 다문화적 관점은 반드시 필요한 것이 되었다. 미국에서 조사된 바에 따르면, 유럽계 미국인들에 비해 인종적, 민족적 소수자들은 치료가 더 필요함에도 불구하고 정신 건강 서비스를 오히려 더 적게 받고 있는 것으로 나타났다(Wang et al., 2005). 수입이 낮은 자, 인종적 · 민족적 소수자, 이민자, 그리고 그 밖의 소수자들(예컨대, 동성애자들)은 사회적인 영향으로 인해 상당한 스트레스를 경험한다(Williams, Neighbors & Jackson, 2008).

몇몇 심리치료 이론가들은 일찍부터 심리치료가 인종문화적 치유(ethnocultural healing)(예, 1961년 초 Jerome Frank)라는 개념과 많이 유사하다는 점에 주목했다. 이들은 심리치료에서의 문화(culture)의 역할을 고려하긴 했으나, 인종적 · 민족적 소수자들에게 정신 건강 서비스를 시행하는 것과 관련된 문제 의식을 명시적으로 나타내지는 않았다. 1962년에, C. Gilbert Wrenn은 인구 구성의 다양화를 예견하며, '*변화하는 세계 속의 상담(Counseling in a Changing World)*'라는 책을 저술했다. 그는 변화하는 세계 속에서 효과적인 치료를 하기 위해서는, 치료자가 치료자 자신의 것과는 상당히 다를 수도 있는 내담자의 문화를 이해하는 것이 매우 중요하다고 보았다. 그리고 이를 깨닫지 못하는 상담자를 *문화적으로 갇혀있는 상담자(culturally encapsulated counselor)*라고 명명했다. Pedersen(2001)이 묘사한 것처럼, "문화적으로 갇혀 있는 상담자들은 문화적 다양성을 존중하지 않고, 자기 참조적 기준(self-reference criteria), 합리적인 증거와 일관성을 무시하는 암시적 가정, 복잡한 문제에 적용되는 단순한 기법-지향적 해결책, 그리고 지배적인 문화 가치관을 보편적인 것으로 여기며 또 강요한다(pp. 16-17)." Pedersen은 정신분석, 행동주의, 그리고 인본주의적 접근 이후의 '제4의 세력'이라 부를 수 있는 다른 접근의 존재도 인정하였지만, 그 중 다문화적 접근이 이론적 영역에서 가장 중요한 위치를 차지할 자격이 있다고 주장했다(Pederson, 1990, 2001). 더 나아가, Pedersen과 다른 연구자들은 모든 심리치료가 문화적이라고 주장해왔다. 즉, 치료자와 내담자는 각각 자신들의 문화에 깊숙이 뿌리박고 있으며, 모든 치료는 이 문화적 가치를 일정 부분 절충하거나, 적극적으로 활용한다고 여겼다.

몇 가지 측면에서 다문화적 상담과 치료는 하나의 이론적 접근으로 볼 수는 없다. 하지만, 모든 내담자에게 효과적이면서 동시에 수용될 수 있는 치료접근을 개발하거나 절충하기 위해서 반드시 요구되는 부분이다. 20세기 후반 몇 십 년에 걸쳐 민족, 문화, 문화 적응, 성 정체성, 사회 경제적 지위, 그리고 신체적 능력 등에서 다양한 개인들에게 서비스를 제공할 때 나타나는 역학을 이해하기 위한 공동의 노력이 있었다(Comas-Diaz, 2000; Hall, 2001; Ponterotto, Casas, Suzuki & Alexander, 1995; Sue & Lam, 2002; Sue, Zane & Young, 1994; Zane, Sue, Young, Nunez & Hall, 2004).

2003년에, 미국 심리 학회(APA)는 교육, 훈련, 연구 그리고 치료 실무에 종사하는 심리학자들에 대한 가이드 라인을 제시하는 정책을 공표했다. 이 가이드 라인은 심리치료자의 문화적 역량에 있어서 중요한 세 가지 측면, 지식, 자각, 그리고 기술을 강조하였다. *지식(knowledge)*은 자기에 대한 지식뿐만 아니라 다른 문화에 대한 지식을 포함한다. 치료자의 문화와 내담자의 문화의 상호작용은 증거-기반의 임상적 개입에 관한 APA 원칙들에서 다음과 같은 점이 인정되었다. "심리학자들은 그들 자신의 특성, 가치, 그리고 사회 문화적 맥락이 내담자의 것과 어떻게 상호작용하는지를 이해해야 한다(APA Presidential Task Force on Evidence-Based Practice, 2006, p. 284)." *자각(awareness)*은 치료자 자신의 문화와 내담자의 문화가 상호작용하는 것을 이해하는 능력이다. *기술(skills)*은 다양한 문화를 가진 내담자들에게 적절하고 효과적으로 반응하는 능력(competence)을 포함한다.

주로 유럽계 미국인 내담자를 대상으로 실시하는 임상실험을 통해 효과성이 밝혀진 치료를 다른 문화권의 내담자들에게도 적용할 수 있는지에 대한 의문이 존재한다(Coleman & Wampold, 2003; Gielen et al., 2008). 관련해서, 특정 집단에게 특정한 치료방법이 상대적으로 더 효과가 있다는 경험적 증거가 나오기 전까지는, 최선의 치료 방법(즉, 활용 가능한 가장 좋은 치료 방법)이 모든 사람에게 적용되어야 한다는 관점도 있다. 두 번째 관점은, 현존하는 모든 치료법들이 각 문화권의 내담자에 맞게 절충되어야 한다고 가정한다. 즉, A라는 치료법이 특정 문화 집단에 적용될 때에는 해당 문화에 민감한 방식으로 수정되어야 한다는 것이다. 세 번째 관점은, 모든 치료법이 그 문화에 뿌리를 두고 있을 수 밖에 없으므로, 문화적으로 특정화된 치료법을 다양한 문화적 집단에 맞게 새로 개발해야 한다는 것이다. 이러한 세 가지 선택사항들 모두 근본적인 문제점이 내재되어 있는데, 다양한 문화적 집단에게 가장 큰 도움을 가져오는 관점이 무엇인지를 결정하는 데 필요한 실증 연구 증거(research evidence)가 불충분하다는 것이다(Coleman & Wampold, 2003).

여성주의 치료(예로, Brown, 2006; Evans, Kincade, Marbley & Seem, 2005를 보라)는 다문화 치료와 많은 유사점을 가지고 있고 포스트모던 철학으로부터 비롯된 것으로 여겨질 수 있다. 여성주의 치료는, 성(gender) 역할, 성 역할 지위, 여성에 대한 태도, 사회 규범, 그리고 여성과 관련된 다른 사회적, 문화적 그리고 법적 관습이 불이익을 만들어낸다는 점을 지적한다. 더욱이, 이러한 사회적 구성개념(social constructs)은 복잡하게 얽혀 여성의 안녕에 대한 기본구조를 만들어내고, 그 중 많은 부분은 남성의 안녕에 대한 기본 구조에도 녹아 있다. 여성주의 치료는 임파워먼트(empowerment)와 평등주의를 포함하고, 스트레스를 정신내적 원인으로 설명하는 것을 금한다. 그리고 그것은 남성과 여성 내담자 모두에게 유효하게 적용된다(더 많은 정보는 본 시리즈의 여성주의치료에 대한 책을 참고할 것; Brown, 2009).

또 다른 치료법인 이야기 치료는 인본주의적 전통뿐만 아니라 포스트모더니즘과도 관련된다(Angus & McCloud, 2007). 이야기 치료(narrative therapy)는, 인간의 정체성은 그들이 자신들의 삶에 대해 만들어내고 표현하는 이야기들(narrative)로부터 기인한다고 가정한다. 즉, 누군가의 이야기는 사회문화적 맥락 속에 존재하는 개인에 의해 형성되고, 해당 이야기가 다시 그 개인에게 영향을 준다는 것이다.

내담자의 문제는 이야기의 한 부분이지만, 치료의 초점은 그 사람의 이야기가 가지는 의미에 있지, 개별적인 문제에 있는 것은 아니라고 믿는다. 따라서 치료 과정은 그 사람의 당면 과제를 포함한 삶의 다양한 측면이 가지는 의미를 변화시키는 것이다.

결론
CONCLUSION

심리치료는 미국에서 종교, 심리학, 그리고 의학의 특수한 조합(combination)에 의해 태동했다. 20세기 초, 프로이트가 Clark 대학 강단에서 정신분석을 처음 소개했을 당시에도, 대화로 하는 치료(talking cure)는 이미 존재했었다. 정신분석은 정신장애와 정신장애의 치료에 대한 설득력 있는 심리학적 설명을 제공했다. 그러나 정신분석적 관점의 주요 이론은 행동주의 접근법에 의해, 그리고 뒤이어서는 인본주의적 접근법으로부터 도전을 받았다. 이론을 통합하고자 하는 노력, 절충주의의 등장, 그리고 치료법들이 공유하는 요인, 즉 공통성이 각각의 치료가 갖고 있는 고유한 구성요소보다 더 중요하다는 주장들은 이론적 지형을 혼란스럽게 하였다. 마지막으로 심리치료가 다양한 문화적 집단의 특성에 맞춰 적용될 필요가 있다는 인식은 이를 훨씬 더욱 더 복잡하게 만들었다. 그 복잡함을 줄이기 위해 몇몇 치료법이 다른 것들에 비해 더 우수한지를 밝혀내고, 임상가들에게 적절한 치료법을 추천하기 위한 노력이 있어 왔다. 이러한 노력 중의 하나는 치료효과를 충분히 보여주는 증거(evidence)를 가지고 있는 치료법의 효과를 확인하는 것이었다.

2장

이론의 역할
The Role of Theory

심리치료 이론은 인간의 기능과 변화 과정에 대한 설명이다. 앞 장에서 설명해온 바와 같이, 매우 다양한 심리치료 이론이 존재하며, 각기 다른 이론의 장단점에 대한 격렬한 논쟁도 있어 왔다. 그러한 논쟁은 특정 이론이 어떤 이론인지 보다는 해당 이론이 심리치료의 과정과 결과에 미치는 영향에 초점 맞춰져 있다. 치료에 미치는 이론의 역할을 이해하기 위해, Frank가 제시한 심리치료의 *공통 요인(common factors)*을 명심하는 것이 중요하다. Frank에 따르면 심리치료의 공통요인은 ⓐ 치유자와 내담자 사이의 깊은 정서적 유대감과 신뢰가 배어 있는 관계, ⓑ 특별한 지위를 부여 받고 치료할 수 있는 힘, 즉 역량을 가진 것으로 인식되는 치유자 ⓒ 치유자의 행동적 조치(action)를 지지하는 설득력 있고 강력한 이론적 설명(rationale) ⓓ 그 이론적 설명과 일관되는 치료적 조치를 포함한다(Frank & Frank, 1991). 이론이 없으면 이와 같은 심리치료의 구성요소를 논하는 것 자체가 의미 없는 작업이다. 간단히 말해서, 이론 없는 치료법은 존재하지 않는다. 모든 내담자는 고통의 원인과 이를 호전시켜 줄 치료적 조치에 대한 이론적 근거를 원한다. Frank의 공통 요인 중 마지막 두 요인인 이론적 설명과 치료적 조치는 반드시 이론으로부터 출발해야 한다. 치료자는 이론을 깊이 이해하여 그것을 내담자에게 설득력 있게 전달할 수 있어야 한다.

이 장에서는 심리치료 이론의 몇 가지 측면이 논의된다. 첫째, 심리치료 이론이란 무엇인가라는 질문에 답하기 위해, 심리치료 이론의 본질에 대해 설명하고자 한다. 다음으로, 치료자와 내담자의 관점에서 이론의 중요성을 논의하고자 한다. 마지막으로, 어떤 이론이 '바람직한' 이론인가 하는 논쟁에 도움이 될 수 있는 철학적 관점을 설명하고자 한다.

심리치료 이론의 구성요소는 무엇인가?
WHAT ARE THE ELEMENTS OF A PSYCHOTHERAPY THEORY?

현재 존재하는 수많은 심리치료 이론은 서로 다른 과학 철학(philosophies of science)에서 비롯되었으며, 다양한 측면에서 중요한 차이를 보인다. 한편 이러한 다양성에도 불구하고, 심리치료 이론은 비슷한 질문을 다루기 때문에, 설령 질문에 대한 개별적인 답은 다르더라도 구조적인 유사성을 유지한다. 이 장에서는, 대부분의 이론이 답하고자 하는 주요 질문에 대해 살펴본다. 겉보기에는 몇몇 이론은 이와 같은 질문을 다루고 있지 않은 것처럼 보일 수도 있다. 하지만 좀 더 자세히 들여다보면 모든 이론은 분명히 이러한 질문을 핵심적으로 다루고 있다는 것을 알 수 있다.

각 이론이 제기하는 첫 번째 질문은 '인간의 핵심 동기는 무엇인가?'이다. 예를 들어, 인간은 본능적이고 생물학적인 추동(biological drives)에 의해 행동하도록 동기화 되는가? 또는 그 동기가 본질적으로 대인적(interpersonal)이고 관계적(relational)인가? 사람들은 늘 '선 혹은 악(good or evil)'을 향하는 경향이 있는가? 우리는 삶의 교훈이 적히는 '빈 석판들(blank slates)'인가? 우리는 주로 환경에 반응하는 존재인가 아니면 환경을 주도하는 주체인가? 같은 질문들이 여기에 해당된다.

이와 같은 질문들은 건강한 성격이란 어떤 특성을 갖고 있나? 그리고 정신병리는 어떻게 발달하는가? 하는 것으로 집약될 수 있다. 한편, 이러한 질문들은 본질적으로 발달적 함의를 가지고 있다. 즉, 정상 발달 궤도를 벗어난 인간 유기체에게는 어떤 일이 생기는가? 이 질문은 '본성 혹은 양육'이라는 보다 본질적인 화두를 던지다. 양육의 관점에서, 혹자는 정상적인 발달을 좌절시킬 수 있는 결정적인 발달 단계와 환경적 사건에 대해 질문할 수 있다. 본성의 관점에서, 혹자는 정신병리(psychopathology)를 유발하는 유전자가 환경적 사건으로 인해 발현된다는 점에 관심을 둔다.

정도의 차이는 있으나, 모든 이론은 건강한 성격과 부적응의 발달 과정에서 사회적 관계(social relations)가 미치는 영향에 관심을 가진다. 일부 이론은 주로 부모와의 관계와 같은 초기 사회적 애착을 강조하는 반면, 다른 이론은 현재의 사회적 지지와 사회적 관계를 검토한다. 이와 관련된 질문은, 내담자의 문제가 그 개인 안에 존재하는지 혹은 사회적 환경에 의해(예컨대, 역기능적인 가족 체계에 의해) 생겨나는지의 여부이다.

각 이론이 각각의 이론적 체계를 강조하고 다른 것은 배제하는 과정에서, 이론들 간에는 추가적인 차이점들이 나타난다. 다양한 이론은 저마다 정서나 인지 혹은 행동을 강조한다. 어찌 보면 심리치료 이론은 서로 크게 다르지 않으나, 특정 체계를 상대적으로 강조함으로써 차이를 보이는 것이라 생각할 수 있다. 어떤 이론은 유기체적 체계보다 사회적 체계에 더 초점을 두고, 문화가 인간의 기능 수행, 특히 심리적 안녕과 부적응에 어떻게 영향을 주는지를 관심

있게 다룰 것이다.

물론 이론들은 수많은 명제들을 다루며, 이론들 사이의 유사점과 차이점을 살펴보는 방식도 다양하다. 이러한 주제들을 검토하는 데 도움이 되는 개념적 틀이 [표 3.1]에 제시되어 있다. 표에서는 앞에서 논의되었던 심리치료의 네 가지 주요 학파와 다음의 여섯 가지 특정 주제들 제시되어 있다. ⓐ 이론의 배경이 된 과학 철학, ⓑ 인간 동기에 대한 관점, ⓒ 인간 발달에 대한 관점, ⓓ 심리적 건강에 대한 개념적 정의, ⓔ 치료자와 내담자의 치료적 자세와 역할, ⓕ 치료의 목표와 결과를 제시하는 방식(Murdock, 2008). 이 표는 이 책에서 다루어지는 다양한 이론들에 대한 이해를 돕는 개념적 틀을 제시한다.

[표 3.1] 주요 심리치료 이론의 구성요소

이론	과학 철학	인간 동기	인간 발달	심리적 건강	치료적 입장	목표/결과
정신분석/ 정신역동	실증주의/ 실재론	중립에 대한 회의 (pessimistic to neutral); 본능적인 충동과 초기 경험의 극복	심리성적 발달 단계; 결정적인 초기 애착 경험	건강한 방어기제, 충분한 자아강도, 안정적 애착 스타일	공식적인(formal) 치료자/ 부모의 역할	성격 변화, 무의식적 갈등의 해결, 통찰, 통합
인지/ 행동주의	실증주의/ 후기-실증주의	중립적; 환경에 적응하는 인간	학습의 중요성 강조, 경험에 의해 형성	적응적 행동, 적응적 인지, 역기능의 부재	교사, 상담자	스트레스 감소, 증상 감소, 적응적 기능
인간중심/ 실존주의	현상학 (phenomenology)	일부는 긍정 (자기 실현 경향성); 일부는 중립에 대한 부정 (의미를 찾기 위한 존재론적 탐색)	분명하지 않음	진실성, 일치성, 자각, 자기와 타인에 대한 수용	지금 여기에서의 진실함과 현존	진솔성, 자유, 이해, 의미있는 존재, 자기-실현
다문화/ 여성주의/ 이야기 치료	포스트모더니즘	모호한; 의미 탐색, 힘의 행사	맥락 (문화, 성, 힘의 중요성)	힘있는, 의미있는 삶, 권력과 주의(ims) (예, 인종주의)에 제약되지 않음	평등주의자, 협력적	임파워먼트 (empowerment)/ 장벽, 억압, 그리고특권의 제거/ 삶의 목표를 성취하는 기회

치료자를 위한 이론의 역할
ROLE OF THERORY FOR THERAPISTS

치료자들(therapists)에게 이론은 심리치료를 위한 로드 맵이 된다. 지도는 한 위치에서 또 다른 위치로 가는 다양한 경로가 그려진, 지리적, 정치적, 경제적 공간의 회화적 표현이다. 도로 지도, 인공위성 지도, 정밀 지도, 기상 지도, 정치적 지도, 경제적 지도 등 선택할 수 있는 수많은 지도가 존재한다. 하지만 그 어떤 지도도 '현실(reality)' 그 자체는 아니다. 다만 각각의 지도는 유용한 방식으로 현상(phenomena)을 보여주는 것이다. 목적에 따라 특정 지도(예, 운전용)가 다른 지도(예, 하이킹용)보다 더 유용할 수 있다. 심리치료 이론은 치료자에게 일종의 지도를 제공한다. 완전한 현실의 반영은 아니지만 매우 유용한 표상인 것은 틀림없다. 각각의 심리치료 이론은 치료자에게 '지형'을 가늠하게 하고, 치료자가 A 지점에서 B 지점으로 갈 수 있도록 돕는다. 심리학적 언어로 이야기하자면, 이론은 사례 개념화와 치료 계획에 대한 기초를 제공한다. *사례 개념화(case conceptualization)*는 치료자가 선택한 이론적 틀 안에서 심리적 문제와 역기능의 본질을 설명하는 것을 말한다. *치료 계획(treatment planning)*은 치료자가 내담자의 어려움을 치료하기 위해 어떻게 내담자와 함께 작업할 것인지 계획하는 것을 포함한다. 사례 개념화와 치료 계획은 설명과 행동적 조치(action)라는 심리치료의 두 가지 결정적 구성요소를 포함하기도 한다(Frank & Frank, 1991; Wampold, 2007).

이론은 사례 개념화를 위한 구조를 제공하지만, 이를 위한 자료(정보)는 내담자에 의해 직접적으로(예, 임상적 면접에서) 혹은 간접적으로(예, 내담자의 차트에 나타난 자료 혹은 평가 과정으로부터 나온 정보를 통해) 제공된다. 일부 치료자들은 이와 같은 자료를 얻기 위해 전적으로 임상적 면접에 의존하는 반면, 다른 치료자들은 다양한 평가 도구를 사용한다. 그런데 평가 도구의 선택 역시 이론을 반영한다. 인지행동치료자는 증상에 초점을 맞춘 측정도구를 이용하는 반면, 정신역동 치료자는 투사 검사를 이용한다. 어떤 도구를 사용해서 얻었든지 간에, 이 자료도 이론적 렌즈를 통해 걸러진다. 즉, 자료에서 얻은 정보를 근거로 내담자의 성격이나 심리적 어려움의 형성과정에 대해 추론하는 과정이 없다면 자료는 그 자체로써는 치료자에게 아무런 의미가 없다. 물론, 이 과정에서 치료자는 내담자의 문제에 대한 설명을 잠정적인 것으로 여겨야 하고, 도출된 결론이 틀릴 수 있는 가능성에 대해 개방적인 자세를 가져야 한다. 그리고 증거의 부당성이 입증되었다고 해서 그 이론 자체를 버려야 하는 것은 아니다. 단지 그 이론 안에서 설명이 재구성되어야 할 뿐이다. 로드 맵의 비유를 계속해 보자면, 로드 맵은 여행을 하면서 수정되기도 한다. 물론, 숙련된 치료자는, 내담자의 특성, 맥락, 그리고 선호하는 사항뿐만 아니라 내담자의 장애와 문제 그리고 자신들의 치료적 접근을 가장 지지하는 연구 결과를 통합한다(APA Presidential Task Force on Evidence-Based Practice, 2006).

심리치료 이론의 다양성을 고려할 때, 치료자는 그럼 어떤 이론을 선택해야 하는가? 어떤 이론을 선택할 것인가에 대한 문제는 서로 교차하는 다양한 이론적 세력에 의해 영향을 받는다. 하지만 본질적으로는 '특정 내담자의 치료에 가장 도움이 되는 이론이 무엇인가?'를 고려하여 결정할 수 있다. 그러나 이 질문에 정답은 없다. 한마디로 말해서, 특정 내담자에게 가장 도움이 되는 이론이 무엇인지는 단언할 수 없다. 다만 장기적인 목적에서 특정한 내담자를 위해 필수적으로 고려해야 할 사항이 있을 뿐이다.

가장 중요한 것은 치료자와 이론이 잘 맞아야(compatible) 한다는 것이다. 치료자는 자신이 편하고, 흥미(interest)와 매력을 느끼는 치료법에 끌린다. 편안함(comfort)은 이론의 세계관과 치료자의 가치 및 태도 사이의 유사성에서 비롯될 가능성이 가장 크다. [표 3.1]을 살펴보면, 이론이 심리적 건강의 의미에 대해 가지는 기본적인 가치관의 측면에서 다양성이 드러난다. 또한 편안함은 해당 치료법에 내재된 대인관계적 요구에서 비롯되기도 한다. 예를 들어, 일부 이론은 다른 이론보다 지금-여기에서의 치료자의 현존에 의존한다. 즉, 일부 치료자들은 자신의 대인관계 기술 양식(interpersonal skills)과 성격 때문에 해당 치료법 안에 내재된 강렬한 정서적 접촉을 편안해 한다. 반면 또 다른 치료자들은 행동치료법의 교사/자문자 역할을 더 편안해 한다([표 3.1] 참조). 특정 이론의 지적인 측면 때문에 그 치료법에 관심이 가는 경우도 있다. 정신역동적 이론을 읽는 것은 행동주의적 이론을 읽는 것과는 매우 다르다. 일부 이론은 보다 환원주의적이며 실용적인 반면, 다른 이론은 상대적으로 더 철학적이며 추상적이다. 즉, 어떤 사람에게는 끌리는 이론이 다른 사람에게는 매력적이지 않을 수 있다. 다양한 이론 중 어떤 것이 매력적으로 다가오는가를 결정하는 것은 학구적인 계산보다는 오히려 본능적인 반응일 가능성이 크다. 독자들은 본 시리즈를 읽을 때, 일부 이론에는 열중하게 되고 동의하며 고개를 끄덕거리는 반면, 다른 이론은 지루하다 못해 심지어 화가 날지도 모른다. 재미있는 사실은, 좋은 이론은 좋은 읽을거리도 제공한다는 것이다. 심리학의 '위대한 저서들'에 대한 세 가지 연구에서, Norcross와 Tomcho(1994)는, 일류 작가들 중 상당수가 심리치료 이론가(즉, Freud, Rogers, Erikson)였다고 밝힌 바 있다.

첫 번째 고려사항과 무관하지 않은 두 번째 요인은, 치료자가 그 이론에 입각해서 치료를 수행했을 때, 효과가 있다고 믿어야 한다는 점이다. 여기서도 숙고할 몇 가지 미묘한 사항이 있다. 앞서 논의된 적 있는데, 증거–기반의 치료(Evidence–Based Treatments, EBTs) 혹은 경험적으로 지지되는 치료(Empirically Supported Treatments, ESTs)가 다른 치료에 비해 보다 효과적이라고 간주되는 경우가 있다. 어떤 이들은 EBTs와 ESTs가 다른 치료에 비해 더 효과적이라고 확실히 입증된 것은 아니더라도 효과가 있다는 증거가 존재하니 선호한다고 말하기도 한다. 하지만, 이와 같은 주장은 실제 심리치료를 하는 치료자 요인과 관련된 부분을 간과하고 하는 말이다(이 부분에 대해서는 4장에서 더 논의할 예정이다). 효과 검증 연구가 기초하는 임상 실험에 참여한 치료자들은 전형적으로 ETSs 혹은 EBTs의 열렬한 지지자들이란 사실을 알아야 한다. 즉, 이런 실험연구에 ESTs 혹은 EBTs를 선호하지 않는 치료자들을 참여시켜 그 효과성을 살펴보는 경우는 없다는 것이다. 실제로 특정 치료 방법에 대한 신뢰와 지지가 치료효과와 관련이 있다는 것을 보여주는 연구가 존재한다(4, 5장 참조). 또한 치료효과의 차이를 상당부분 치료자 변인이 설명한다는 결정적인 증거도 존재한다(Kim, Wampold & Bolt, 2006; Wampold, 2006; Wampold & Brown, 2005). 그러므로 치료자가 어떤 사람인지를 고려하지 않고 특정 치료의 효과성에 대해 논하는 것은 거의 의미가 없다(이 이슈에 대한 논의는 Elkin, 1999를 보라). 따라서 '어떤 치료가 가장 효과가 있는가?'라는 질문은 질문 자체가 불완전하다. 그보다는 '내가 어떤 치료를 할 때 가장 효과적일 것인가?'라고 묻는 것이 더 맞다. 그런데 후자에 대한 대답은 훨씬 더 복잡하다. 그리고 치료자를 특정 치료적 접근으로 이끄는 힘(요인)과 많은 관련이 있다. 자신이 좋아하지 않는 치료법보다 흥미롭고 성격적으로도 더 조화롭다고 느껴지는 치료법을 실시할 때 치료자들은 더 효과적인 개입을 할 것이다.

이보다 더 민감한 사항은 치료자는 자신이 추구하는 치료 방법에 대한 *믿음(belief)*을 가져야 한다는 것이다. 믿음이라는 용어는 치료자가 그 이론이 내담자의 역기능적 측면을 잘 설명하고 있다고 확신한다는 의미를 함축한다. 이러한 해석에 따르면, 믿음은 트루시니스(truthiness)[4]에서 나오는 것이다. 해당 이론이 심리적 역기능의 이해와 치료에 다른 치료들보다 상대적으로 타당한 설명을 한다고 믿는 것이다. 하지만 그와 같은 주장은 철학적으로 그리고 실증적인 차원에서 문제가 있을 수 있다. 간단히 말하자면, 어쩌면 다른 이론에 비해 절대적으로 더 진실된 이론은 없을 수 있다(이 논의에 대해서는 Wampold, Imel, Bhati & Johnson Jennings, 2006 참조). 이러한 점은 사실 매우 난감한 의문을 제기한다. 만약 어떤 이론의 트루시니스(truth-

4 트루시니스(truthiness)라는 용어는 진실의 개념과 관련된 복잡한 철학적 논쟁들을 피하기 위해 사용되고 있다. 이러한 철학적 사유들 중 일부는 이 장의 후반부에서 간략하게 고려된다.

iness)가 철학적으로 또는 경험적으로 뒷받침되지 않는다면, 그 이론을 어떻게 믿겠는가? 역설적으로 들리겠지만 그 해답은 단순하다. 즉, 치료자라면 본인의 치료가 효과적이라고 그냥 믿어야 한다. 이런 절대적인 믿음은 해당 치료 방법이 가장 효과적이고 믿을만해서 유용하고 효율적이라는, 혹은 그 어떤 경우에도 가장 좋은 치료방법이라는 믿음(판단)과는 전혀 다르다.

이론을 선택할 때 고려해야 할 세 번째 사항은 숙련(mastery)의 정도와 관련이 있다. 효과적인 치료를 위해, 치료자는 처음에는 숙련된 치료자로부터 배우면서 지속적인 연습을 통해 스스로 역시 숙련된 치료자로 성장한다. 즉, 초심자들은 숙련된 치료자의 지도감독 하에 다양한 방식으로 심리치료를 익히게 된다(Orlinsky & Ronnestad, 2005). 이런 식의 도제식 교육방법으로 다양한 치료방법에 대해 배울 수 있는 기회는 제한적이기 때문에, 치료자들은 전문 교육자나 수퍼바이저가 존재하는 이론만을 배우는 결과가 초래됐다. 심리치료 분야에서 하나의 이론을 혼자의 힘으로 배운다는 것은 매우 어렵거나 불가능하다. 그리고 이후 논의하겠지만, 치료자가 단 하나의 이론적 접근만 가지고 제한적으로 치료를 시행하지 않는 것이 좋다는 권고도 받는다. 만약, 그 수하에서 배울만한 숙련된 치료자가 있다면, 자신이 선호하는 이론뿐만 아니라 그렇지 않은 치료법들도 배우는 것이 현명하다. 워크숍, 영상자료, 기타 다른 자료 역시 수련 자료로써 매우 가치 있다. 수련 감독자의 이론이 수련생에게 얼마나 잘 맞는 이론인가 하는 적합도 여부를 떠나 그 지역의 숙련된 치료자, 수퍼바이저, 그리고 임상 교육자로부터 특정 치료에 대해 배울 수 있는 만큼 많이 배우는 것이 현명하다.

이론을 선택할 때 네 번째로 고려할 사항은 절충주의 그리고 이론의 통합과 관련된다(Arkowitz, 1992; Garfield, 1992; Norcross & Garfield, 2005; Orlinsky & Ronnestad, 2005). 치료자가 단 하나의 이론을 선택하는 경우는 드물다. 앞에서도 언급한 바와 같이, 인간의 본성과 행동, 정신 건강 혹은 정신장애를 전체적으로 완벽하게 설명하는 유일한 이론은 존재하지 않기 때문이다. 치료자들은 주로 두세 가지 혹은 그 이상의 다른 이론을 포괄하여 제시하는 이론에 직관적으로 반응한다. 실제 심리치료를 하는 심리학자들 중 약 3분의 1이 자신의 접근법을 절충적 또는 통합주의적이라고 한다(Norcross, Hedges & Castle, 2002). 절충적인 이론적 틀을 선택하는 데 있어서 치료에 대해 일관성 있고, 통합된, 그리고 전략적인 접근법을 개발하는 것이 핵심이다. 예를 들어, 어떤 치료자는 인간이 본디 '선하며, 적절한 환경이 주어지면 제대로 성장할 수 있고, 고통은 인간 존재의 다양한 실체 중 하나'라고 생각한다. 지식은 타인의 주관적 현실에 대한 깊은 이해를 통해 획득된다고 믿고 가족, 사회, 문화와 같은 체계가 우리의 성격을 형성한다고 가정한다. 그리고 인간은 궁극적으로는 혼자이지만, 현실적으로 타인과의 관계 속에서 살 수 밖에 없다고 본다. 또 인간은 생물학적 · 본능적 존재이고, 평생에 걸쳐 학습하며, 인지, 정서, 행동은 서로 얽혀 있다는 생각을 가질 수 있다. 때문에, 이 모든 신념 체계를 아우르는 단 하나의 이론을 선택하는 것은 불가능하다. 하지만 내담자가 이해하고, 받아들이며, 치료에 진전을 보이게 할 수 있다면 그 내담자의 사례를 정신역동적으로 개념화하고, 개입은 인지적으로 하는 것이 가능하다고 볼 수 있다.

내담자를 위한 이론의 역할
ROLE OF THEORY FOR THE CLIENT

지금까지의 논의는 이론을 선택함에 있어 치료자가 하는 역할에 초점을 맞췄다. 상이한 방식이기는 하지만, 이론은 내담자(clients)에게도 중요하다. 전형적인 내담자들은 최선을 다해 노력했음에도 불구하고 스스로 어려움을 극복하지 못했고, 고통이 지속될 것이라 생각할 때 심리치료를 받고자 한다. 다시 말해, 자신들의 문제에 대해 이해하고 있는 수준에서는 나아질 것이란 희망이 없는 상태이다. 내담자는 자신의 어려움의 원인을 통제가 안 되는 내적 요인(예, 그들이 총명하지 못하다는 것) 혹은 자신을 적대시하는 외적 요인(예, 사람들은 그들을 형편없이 대했고 앞으로도 그럴 것이라는 것)에 귀인하고 있을지 모른다. 이런 측면에서 보면 심리치료의 강력한 힘은 적응적인(혹은 건강하고 희망적인) 설명을 제공한다는 것에 있다. 즉, 내담자들에게 자신들이 변화가 불가능한 존재가 아니라는 깨달음을 줄 수 있다. 그리고 그들의 어려움은 벗어날 수 없는 게 아니라는 설명을 제공해줄 수 있다(Frank & Frank, 1991; Wampold, 2007). 물론, 각각의 이론은 이런 어려움의 원인을 비합리적 사고, 무의식적 동기, 표현되지 못한 정서, 혹은 좋지 못한 애착 경험 등으로 각기 다르게 설명한다. 그러나 모든 이론은 내담자에게 "만약 당신이 이 새로운 설명을 믿고 이 치료서가 정하는 단계를 따라간다면, 문제를 해결할 수 있게 되고, 좀 더 나은 삶을 살게 될 것이다."라는 희망적인 이야기를 전한다. 공통요인 모델에서는, 이와 같이 적응적인 혹은 희망적인 설명을 받아들이는 것을 심리치료 과정에서 변화의 핵심이라고 본다(Anderson et al., 2010; Frank & Frank, 1991; Wampold, 2008; Wampold, Imel, et al., 2006).

인간은 이해하기 위해 노력한다. 그리고 모든 치료는 임상적 언어로 설명을 제공한다(이에 비해 의학적 설명은 생화학적이다). Yalom(1995)은 설명의 중요성을 다음과 같이 간결하게 요약했다.

> 설명되지 않는 것-특히 설명되지 않은 두려움-은 오래 견디기 어렵다. 모든 문화는 과학적 혹은 종교적 설명을 통해 무질서하고 위협적인 상황을 이해하려 한다. 우리가 가진 주요한 이해 수단 혹은 통제 방법 중의 하나는 언어이다. 무질서하고 제멋대로인 영향력에 이름을 붙이는 행위는 우리가 이것을 지배 혹은 통제할 수 있다는 인식을 제공한다(p. 84).

그러나 이론적 설명 그 자체만으로는 충분하지 않다. 구체적인 치료적 조치 또한 필수적이다. 왜냐하면 그 처치가 설명을 믿도록 하는 데 도움이 되고, 적응적인 행동을 촉진시키기 때문이다(Wampold, 2007). 치료에 있어서, 적응적 행동을 하는 데 도움이 되는 적응적 설명(adaptive explanation)과 조치에 대한 믿음은 다양한 이론가에 의해 재교화, 숙달, 자기-효능, 반응 기대치의 변화 등과 같이 서로 다르지만 관련성이 있는 구성개념으로 불리어 왔다(Wampold, 2007). 그러므로 심리치료의 중심에는 치료자가 제공하고 내담자가 받아들이는

'설명'이 있다. 이러한 설명은 심리치료 이론에서 비롯되기 때문에 심리치료 이론은 설명에 본질적인 역할을 한다고 말한다.

이론이 내담자에게 필수적인 역할을 하는 데, 트루시니스(truthiness)의 이슈는 여기에도 적용된다. 치료자의 경우와 마찬가지로, 이론의 과학적 타당성은 내담자에게 미치는 이론의 유용성에 보조적인 역할을 할 뿐이다. 설명은 설득력 있고, 수용(acceptance) 가능하며, 긍정적인 기대를 심어주고, 적응적인 행동으로 이어질 때 내담자에게 도움이 된다. 사실, 치료자가 이해한 대로 설명의 정확한 본질이 내담자에게 그대로 전달되는 것이 아니다. 의사들이 상세한 생화학적 설명을 환자에게 제공하지 않는 것과 마찬가지로, 심리치료자들 역시 자세한 심리학적 설명은 제공하지 않는다. 치료자는 내담자가 이해할만한 혹은 설득력 있는 설명을 제공한다. 설명은 대부분 치료자가 사용하는 이론과 일관성을 갖지만 반드시 그렇지는 않다. 또한, 치료자들은 이론의 과학적 타당성보다는 그 이론적 설명이 내담자에게 미치는 영향에 더욱 관심이 있다. 저명한 인지행동치료자이자 과학자인 Donald Meichenbaum도 다음과 같이 이 점을 인정하였다.

치료적 설명의 일부로, 치료자는 각 내담자의 불안을 Schacter의 정서적 각성 모델(Schacter's model of emotional arousal)의 측면에서 개념화했다. 이를 토대로, 치료자는 내담자의 두려움이 Schacter의 이론에 부합해 보인다는 점에 주목했다. Schacter의 이론은 공포감과 같은 정서적 상태는 신체적으로 각성되었을 때, 대부분 내담자가 하는 생각, 즉 사고에 의해 결정된다는 것이다. 비록 Schacter의 이론과 그 이론의 기초가 되었던 연구가 비판을 받기도 했지만, 이론 자체는 내담자에게 그럴 듯 하다. 즉, 수용할만한 설득력을 가지고 있다. 내담자들은 이렇게 공포심을 개념화하고 설정한 치료 계획은 논리적으로 타당하다고 받아들인다(Meichenbaum, 1986, p. 370).

이런 논의와 관련해서 또 하나 흥미로운 사실은, 치료자 자신이 개인적으로 치료를 받으려 할 때, 반드시 자신과 같은 이론적 지향을 가진 치료자만을 선택하지 않다는 것이다(Bike, Norcross & Schatz, 2009; Norcross, Bike & Evans, 2009). 한 가지 진실한 이론에만 매달리지 않고, 기꺼이 이론적인 융통성을 가지는 모습을 보여준다.

변화의 과정에 내담자가 치료자의 설명을 받아들이는 것은 매우 중요하다. 한편, 설명은 내담자의 태도 및 가치와 양립할 수 있어야 한다. 그렇지 않다면, 내담자는 그 설명을 거부할 가능성이 있다. 이 점은 다문화 상담 문헌에서 논의되는 문화적으로 민감한 치료에 대한 개념들과 맥을 같이 한다(Atkinson, Bui & Mori, 2001; Atkinson, Worthington & Dana, 1991; Coleman & Wampold, 2003). 내담자에 따라 특정 유형의 치료를 받아들이고 도움을 받는 것이 더 쉬울 수 있다. 예를 들어, 성격적으로 거부적인 내담자는 덜 구조화된 치료법이 유익하며(Beutler, Moleiro & Talebo, 2002), 아직 변화할 준비가 되어 있지 않은 내담자는 조급한 변화나 행동을 강요하는 치료자를 거부한다(Prochaska & Norcross, 2002). 또한 내담자들은 치료의 내적, 외적 특성이 그들의 회피적 스타일에 동반되는 내외적 특성과 잘 맞을 때 가장 잘 반응한다(Beutler, Harwood, Alimohamed & Malik, 2002).

내담자가 설명을 수용하는 정도는 치료자라는 사람에 의해서도 영향을 받는다. 치료자가 신뢰감을 주고, 설득력이 있으며, 내담자와 협력하는 태도를 보이면, 내담자는 치료자의 설명에 대해 수용적이고 치료에 더 적극적으로 참여할 가능성이 높다(Wampold, 2007). 유능한 치료자는 내담자에게 특정한 접근이 도움이 될 것이라 격려하면서 설득한다(Goates-Jones & Hill, 2008). 내담자는 이론적 지향보다는 신뢰감, 따뜻함, 공감 능력 그리고 유능함 같은 치료자의 개인적 특성에 기초해 치료자를 선택하는 것 같다(Bike et al., 2009; Norcross et al., 2009; Wampold, 2001b).

내담자가 치료자의 접근 방법에 적응하지 못하고 치료에 저항을 보임에도 지속적으로 같은 접근법을 고수하는 것은 분명히 치료적으로 도움이 되지 않는다. 오히려 더 해로울 수도 있다(Henry, Schacht, Strupp, Butler & Binder, 1993; Henry, Strupp, Butler, Schacht & Binder, 1993). 반면에, 적절한 설명을 내담자에게 제공하지 않거나 혼란스러운 설명을 제공하는 것 역시, 치료에 도움이 되지 않는다. 실제로, 치료의 순수성(purity)이 치료 결과와 관련된다는 연구 결과들이 있으며(Lubosky, McLellan, Diguer, Woody & Seligman, 1997; Luborsky, McLellan, Woody, O'Brien & Auerbach, 1985), 이는 내담자에게 일관성 있는 이론적 틀이 전달될 필요가 있음을 시사한다. 그러나 '치료의 순수성(purity of treatment)'이란 개념이 오직 한 이론에 맹목적으로 집착하는 것을 의미하는 것은 아니다.

내담자에게는 설득력 있고, 수용 가능하며, 적응적인 설명이 반드시 제시되어야 하는 것으로 보인다. 내담자가 설명을 수용할지 여부는 설명이 제공되는 방식과 내담자의 특성 및 맥락에 기초한다. 외관상으로 내담자가 어떤 치료를 받아들이고 있지 않을 때, 그 치료는 수정되어야 하거나 다른 치료가 활용되어야 한다. 이러한 점은 다음에 나오는 James Frank의 지혜로운 조언에서도 드러난다.

> 내가 주장하는 바는 기법이 치료 결과와 무관하다는 것이 아니다. 오히려 나의 주장은… 치료 기법의 성공 여부는 환자가 실제적인 혹은 상징적인 치유자에게 느끼는 연대감에 달려있다는 것이다. 이러한 입장은 이상적으로는 치료자들이 환자를 위해 그 환자의 개인적 특성 그리고 문제와 일치하거나, 일치할 수 있는 치료법을 선택해야 한다는 점을 의미한다. 또 다른 함의는, 치료자는 마음에 들고 납득이 가는 접근법에 대해서 많이 배워야 한다는 것이다. 훌륭한 치료적 조화는, 그 치료자의 개념적 틀에 대해 환자를 교육하는 것과 필요하다면 환자의 생각을 고려하여 자신의 이론적 틀을 수정하는 것 모두를 포함한다(Frank & Rrank, 1991, p. xv).

이론과 과학 철학
THEORY AND PHILOSOPHY OF SCIENCE

지금껏 치료자와 내담자를 위한 이론의 역할에 관해 논의하는 과정에서는, 치료와 과학이 어떤 관련성이 있는가에 대한 것은 언급을 피해왔다. 이 문제는 과학 철학에 뿌리를 두고 있기에, 많은 임상가들과 연구자들도 회피하려 하는 경향이 있다. 이론의 철학적 기초에 대해서는 제2장에서도 간략하게 검토하면서 논의했다. 그리고 과학 철학의 고려사항들이 갖는 중요성은 [표 3.1]에 제시되어있다.

계몽시대가 시작할 무렵, 형이상학에 대한 저항이 존재했고, 대신 관찰 가능한 관계에 초점이 맞춰졌다. 이러한 변화를 상징적으로 보여주는 것은, Isaac Newton이다. 그는 자신의 예리한 이성으로 자연을 관찰하기 이전, 유년기 시절에 이미 초자연적 현상에 대한 관심에 빠져있었다(Gleick, 2003). Auguste Comte는 *실증주의(positivism)*, 즉 관찰에 근거한 진실의 철학을 체계화한 공로를 인정받았다. 실증주의는 종종 다른 경험적 접근과 무분별하게 관련되어지기도 하지만, 실제로는 매우 엄격하게 제한된 5가지 원칙을 가지고 있다(Hacking, 1983). ⓐ 검증(verification)이란 논쟁이 어떠한 방식을 통해서 해결될 수 있다는 개념(즉, 관찰에 의한 반증의 개념)이다. ⓑ 감각을 통한 관찰이 지식의 기초(수학적 지식은 예외)이다. ⓒ 인과관계(causality)

는 그야말로 선행 사건과 후행 결과의 규칙성(즉, 동시 발생)일 뿐이다. ⓓ 설명(explanations)은 관찰한 것의 체계를 갖추는 데 이용되는 것일 뿐, 보다 깊은 기저로서 기능하는 역할을 갖고 있지는 않다(즉, 탐색이 필요한 구조는 없다). 그리고 ⓔ 결과적으로, 흔히 논의되는 형태의 이론(theory)은 어떠한 역할도 하지 않는다. 실증주의자들은 형이상학적 구성개념을 거부했고, 사실 그 이론적 구성개념도 은근히 거부했다. 엄격한 실증주의자는 심리학적 구성개념과 인과관계의 개념을 거부하고, 결과적으로 대부분의 심리치료 이론을 부정할지 모른다. 행동치료는 실증주의에 그 뿌리를 두고 있으며(Fishman & Franks, 1992), 정신적 구성개념을 인정하지 않고, 행동(즉, 관찰될 수 있는 것)에 초점을 맞추며, 인과관계보다는 기능적인 관계를 추구했다. 철학적 토대 위에서, 행동주의(behaviorism)는 실증주의 전통에서 비롯했기 때문에 보다 '과학적(scientific)'인 것으로 간주될 지 모른다.

하지만 흥미롭게도 행동주의자들이 실증주의를 채택한 데에는 결함이 존재한다. 치료법의 본질과는 상관없이, A라는 치료법이 B라는 결과를 야기하기만 한다면, 그 치료의 활용과 적용은 행동주의자들에게 수용 가능한 것이 된다. 그래서 만약 최면요법이 흡연을 감소시키거나, 안구운동 둔감화 및 재처리 요법(eye movement desensitization and reprocessing)이 외상 후 스트레스 장애의 증상을 줄인다면, 급진적 행동주의자들은 이러한 치료법을 행동 요법으로 간주한다. 물론 행동주의자들은 이 치료법들이 기반하는 이론적 설명은 인정하지 않는다. 이론적 설명은 관찰이 불가능한 구성개념이 매개한다고 가정하기 때문이다(Fishman & Franks, 1992). 그럼에도 불구하고 치료법

자체는 행동주의자들에게 타당성이 있는 것으로 결론짓는다. 급진적 행동주의자들에게는 인지적 요소가 이론적 구성개념으로서 도입되는 것이 문제시 되었다(Arnkoff & Glass, 1992; Fishman & Franks, 1992).

실증주의의 움직임은 곧 언어와 의미라는 골치 아픈 문제에 직면했다. 언어, 의미, 그리고 이성적 사고를 고려하게 되면서 실증주의(positivism)는 *논리적 실증주의(logical positivism)*라 불리는 개념으로 확장되었다. 그리고 그것은 곧 시대에 뒤떨어진 Comte의 개념들을 뒤로하고, 논리, 의미, 그리고 언어의 분석에 초점을 맞추는 결과로 이어졌다. 논리적 실증주의는 경험주의를 강조했지만, 연역적 논리의 개념을 도입하고 과학에 미치는 언어의 영향을 강조했다(즉, 논리는 언어 구조를 통해 표현된다는 것이다). 명제의 검증이라는 개념은 논리적 실증주의에서 비롯되었다(Hacking, 1983). *실증주의자(positivist)*라는 용어는 관찰에 대한 집착, 이론과 사고의 결여, 그리고 사회과학에서 마음에 대한 고려를 하지 않는 것에 대해 비판하고자 할 때 사용되는 편이다.

우리의 논의에서 그 다음으로 중요한 철학적 학파는 *실재론(realism)*인데, 실재론을 관찰 불가능한 개체에 대한 고려를 가능하도록 해준다. 만약 어떤 이론이 타당하다면, 그 이론에 의해 가정되는 구성개념은, 관찰될 수 있는 것만큼이나 실재적이다(Hacking, 1983). 따라서, 정신역동 이론이 타당하다면, 무의식은 누군가에 의해 관찰될 수 있는 얼굴의 틱 현상만큼이나 실재적이어야 한다. 사실, 현대 정신분석 이론가들은 무의식의 개념을 지지하는 많은 증거를 제시했다(Weinberger & Westen, 2001; Westen, 1998). 대부분의 심리치료 이론은 실재론자(realist)에 준하는 관점을 전제하고, 관찰할 수 없는 구성개념을 받아들이지만, 실재론자의 관점에서는 그 이론의 타당성에 따라 행동의 인정 여부가 달라진다. 흥미롭게도 양자 이론(Quantum theory)에 대한 뜨거운 논쟁 중 대부분은 과학 철학에 관한 것(즉, 실증주의 대 실재론), 그리고 수학적 풀이(예, 4차원을 넘는 차원들; Jones, 2008)가 관찰 가능한 증거나 시각화될 수 있는 실체를 전혀 가지고 있지 않음에도 타당한가에 관한 것이었다는 점이다.

Louis Pasteur의 세균 이론(germ theory)이 설명하는 것과 마찬가지로, 어떤 실체가 관찰이 불가능하다는 이유만으로 유용성이 훼손되지는 않는다.

> 1864년, Louis Pateur는, 전혀 관찰이 불가능한 유기체가 생물을 발효시키는 원인임을 '밝혀'냈다. 즉, 미생물은 정교한 실험 결과를 통해 스스로 그 모습을 드러냈다. 이와 같은 증거는 질병에 대한 세균 이론의 기초를 세우고자 했던 이전의 시도들보다 더 설득력이 있었다. 유기체들이 객관적으로 관찰되지 않았다는 것 또는 현실의 관점에서 빤히 들여다보이지 않았다는 것은, Pasteur가 만들어 낸 증거, 그의 연구의 기초가 되었던 실증적 기획력, 혹은 후속 조치의 가치를 떨어뜨리지 않는다. 아이와 성인의 상호작용 속에서 상호주관성을 이해하려는, Beebe, Knoblauch, Rustin, 그리고 Sorter의 노력을 포함하여, 다양한 맥락 속에서 사회적 상호작용의 복잡성과 치료를 연구하는 것은 Pasteur의 노력만큼이나 복잡했고, 논쟁거리를 제공했다(Wampold et al., 2007, p. 617).

심리치료 이론과 밀접한 세 번째 철학적 사조는 *현상학(phenomenology)*이다. Kierkegaard, Husserl, Heidegger, 그리고 Sartre와 연관된 현상학은, 특히 주관적인 1인칭 관점에서 경험 및 의식의 구조와 관련된 이슈에 관심을 갖는다. 현상학의 초점은 사물, 사건, 또는 상호작용의 객관적 특성이 아니라, 개인이 그것을 어떻게 인식하고 해석하는가에 있다. 현상학은, 어떤 이의 경험, 자기-인식, 언어적 활동(언어가 어떻게 경험과 의미를 만드는 것에 영향을 끼치고 또 영향을 받는지를 포함), 그리고 타인과의 관계(예, 공감)에 대한 인식에 초점을 맞춘다. 앞에서 언급했던 대로, 현상학은 치료에 있어 인본주의와 실존주의 접근에 영향을 주었다.

철학의 마지막 사조는 *구성주의(constructivism)* 혹은 *사회적 구성주의(social constructivism)*라고 불리는 것으로, 이는 종종 포스트모던 철학으로 분류된다(Hacking, 1999; Latour, 1999). 실증주의와 실재론은 이론적 실체를 전적으로 배제하거나 실험에 의해 연구될 수 있는 일부 기저의 사실만을 받아들인다는 점에서 비판을 받는다. 구성주의는 인간이 의미를 만들며, 사회적인 어떤 것에서도 객관적 진실은 존재하지 않는다고 가정한다(Latour, 1999). 구성주의는 논리적 실증주의의 몇몇 전제들로부터 영향을 받았지만, 더 나아가 사회적 현상들이 주로 사회적으로 만들어진 실재라고 주장한다. 구성주의는 근거 이론(grounded theory)에서와 같이, 참가자들이 가지고 있는 사회적 구성개념을 밝히고자 하는 질적 연구 방법을 주된 연구 방법으로 활용한다(Strauss & Corbin, 1998). 이전 장에서 논의되었던 바와 같이, 다문화 상담과 심리치료, 여성주의 치료, 그리고 이야기 치료(Angus &

McCloud, 2007)는 포스트모던 철학과 밀접한 관련성이 있다.

이러한 간략한 검토 과정 속에도, 강조되어 할 몇 가지 사실이 존재한다. 다양한 측면에서 심리치료는 과학에 대한 서로 다른 철학으로부터 유래된다. 즉, 실증주의로부터 행동치료가 유래했으며, 현실주의에서는 정신분석(비록 프로이트는 자신을 원래 실증주의자로 생각했지만), 현상학에서는 인본주의적 치료와 경험 치료, 그리고 사회적 구성주의로부터는 다문화 치료와 이야기 치료가 유래되었다. 철학적 배경이 다르기 때문에, 이러한 접근법들이 갖는 상대적 가치를 결정하는 기본 원칙들도 다르다. 더 엄밀히 이야기하면, 이론들을 서로 비교하는 것은 불가능하다(Hacking, 1983). 심지어 그 이론들을 연구하는 데에 사용된 연구 방법들조차 상이하다. 예를 들어, Schneider(2008)는, 현상학적 질적 연구 방법이 실존적 심리치료법을 연구하는 데 필요한 반면, 행동주의적 이론은 증상의 객관적 측정에 초점을 맞춘다고 말했다. 이론들이 상호 비교가 불가능하다는 것은 많은 논쟁과 연구 증거를 가지고도 다양한 접근의 상대적 가치를 결정할 수 없다는 것을 의미한다. 심리치료 이론들은 해석학으로써 유용하다. 하지만 그 타당성에 대해서 확언할 수 없다는 것을 기억하는 것이 중요하다.

앞서 논의한 바와 같이, 다양한 접근법이 갖는 상대적 가치를 결정하는 한 가지 방법은 단순히 그 접근법이 갖는 효과를 경험적으로 검토하는 것이다. 즉, '어떤 치료가 다른 치료에 비해 더 효과적인지'를 확인하는 것이다. 그런데 이러한 전략은 몇 가지 문제점을 가지고 있다. 첫 번째, 다음 장에서 논의되는 바와 같이, 다양한 치료

방법이 치료적 효과 면에서 거의 차이를 보이지 않는다. 따라서 치료를 위해 고안된 치료 방법을 계속적으로 비교하는 것은 경험적으로 거의 의미가 없다. 두 번째, 이론적 고려 없이 치료 방법을 비교하는 것은 실증주의적 접근을 반영한다. 따라서, 차이가 발견된다 할지라도, 각 치료에 대한 이해의 측면에서 시사하는 바가 거의 없다. 세 번째, 치료법을 분리하려는 노력에도 불구하고, 치료방법과 이론은 항상 서로 얽혀있다(Hacking, 1983). 비교 연구(comparative trials)와 경험적으로 지지된 치료법(EST)은, 결과가 어떻게 평가되는가(즉, 증상에 초점을 두는 것), 그리고 치료방법(절차)이 어떻게 진행되는가(시간제약이 있고 매뉴얼에 따르는 것)의 측면에서 행동주의적, 혹은 인지-행동주의적 측면을 반영한다. 예를 들어, 경험 치료법(experiential therapies)은 증상의 감소보다는 의미와 삶의 질에 초점을 맞추고 있어 매뉴얼화하기가 어렵다(Schneider, 2008).

요약
SUMMARY

심리치료 이론은 치료자를 A 지점에서 B 지점으로 안내하는 지도이다. 사실, 치료적 조치를 하지 않는 치료는 존재하지 않고, 치료적 조치는 이론으로부터 파생된다. 설득력 있는 치료방법은 심리치료의 근본적인 요소이다. 특정 이론을 선택하기 위해서는 치료자 그리고 내담자와 관련된 다양한 사항이 고려되어야 한다. 치료적 효과를 얻기 위해, 치료자들은 이론에 충실할 필요가 있다. 즉, 그들은 이론의 적용이 내담자에게 도움이 된다는 확신이 있어야 한다. 이에 더해, 내담자는 치료자가 제공한 설명에 믿음을 가져야 한다. 분명한 것은 숙련된 치료자의 경우 폭넓고 다양한 치료방법에 대해 훈련받고, 여러 이론적 지향을 통합해, 내담자에게 적합하고 수용될 만한 개입을 한다는 점이다. 비록 자기-반성적(self-reflective) 자기 보고라 할 수도 있지만 숙련된 치료자는 자신이 실시하는 치료적 접근에 대해 열정적인 것으로 보인다.

한편 치료자가 특정 이론의 전제를 완전히 이해하지 못함에도 불구하고 그 이론적 관점을 따르려고 하는 것을 종종 본다. 과학 철학을 고려해보면, 이론은 상호 비교가 불가능하다. 즉, 한 이론이 다른 이론에 비해 우월하다고 단언할 그 어떠한 수단(means)도 존재하지 않는다. 그럼에도 불구하고, 치료적 실제를 이끄는 데 있어 이론은 절대적으로 중요한 위치를 차지한다.

물론 모든 이론은 한계도 가지고 있다. Wampold(2007)가 주장한 대로, 치료자에게 자신을 드러내 보여야 하는 내담자는 치료의 체계와 일치되는 설명과 접근 방법(treatment)을 기대한다. 의료 환경에 있는 환자들은 증상에 대한 생물학적 설명과 그 설명과 일치된 처치(treatment)를 기대한다(Wampold, Imel, et al., 2006). 심리학자인 치료자에게 자신을 내보이는 내담자는 심리학적 설명을 기대한다. 따라서 치료자는 타당한 심리학적 접근법을 선택해야 한다. 오랫동안 이와 같은 상식, 즉 '정도에서 벗어난(crazy)' 심리치료도 많이 있었다(Singer & Lalich, 1996). 비록 그런 치료법을 성공적으로 실시한 치료자들이 몇몇 있다 하더라도, 심리학자라면 마땅히 심리학 분야로 간주되는 치료법을 제공해야 한다. 물론, 타당한 것과 '정도를 벗어난 것' 사이의 경계는 명확하지 않다. 하지만 선택할 수 있는 범위 내에 타당한 치료법이 충분히 많이 존재한다.

3장

심리치료의 효과성에 관한 연구

Research on the Effectiveness of Psychotherapy

예로부터 모든 인간 문명사회에는 치유적 작업(healing practice)이 존재해왔다(A. K. Shapiro & Shapiro, 1997). 그러한 옛방법들이 실제로 치료적이었는지의 여부는 흥미로운 논쟁거리이다. 일각에서는 많은 치유적 작업들이 실제로는 오히려 환자에게 해가 되었다고 주장한다. 예를 들어, 고대 중국의 침술(acupuncture)은 면역 혈청 황달(homologous serum jaundice)을 일으켜 많은 사람을 사망에 이르게 했을지도 모른다. 조지 워싱턴(George Washington)은 호흡기 질환을 위해 시술된 탈수 치료(예, 피 뽑기)의 결과로 사망했을지도 모른다는 설도 있다(A. K. Shapiro & Shapiro, 1997; Wampold, 2001a). 다양한 치료적 개입의 효과성에 대해 충분히 연구할 수 있게 된 것은 최근의 일이다. 20세기 초, 무선 할당된 통제 집단을 통한 효과 검증방법이 발달하면서, 농업, 교육, 의학 그리고 심리학에서 다양한 처치방법의 효과 검증도 활발하게 이루어졌다(Danziger, 1990; Gehan & Lemak, 1994; A. K. Shapiro & Shapiro, 1997). 그 중 오직 현대 의학과 심리치료만이 개입방법들의 효과성을 확인하기 위한 체계적이고 통제된 연구를 시행해 왔다(Wampold, 2007). 그리고 이 두 유형의 개입 모두 효과가 있다고 밝혀져, 이 둘만이 과학적으로 효과적인 개입으로 구분되었다. 이번 장에서는 심리치료가 실제로 효과적임을 보여주는 문헌들을 검토하고자 한다. 그리고 나서 심리치료에 있어 '몇몇 접근방법이 다른 방법에 비해 더 효과적인가?'라는 보다 어려운 문제를 다룰 것이다. 마지막으로, 실제 심리치료 장면에서 효과를 보이는 치료방법에 대한 연구를 살펴볼 것이다.

심리치료는 과연 효과가 있는가?
DOES PSYCHOTHERAPY WORK?

심리치료가 행해지기 시작한 처음 몇 십 년은 주로 특정 치료나 기법을 통해 성공을 거둔 사례들을 발표함으로써 심리치료의 효과를 인정받았다. 정신분석은 'Anna O.', 'Dora', 'Frau N.', 'Little Hans', 'Ratman' 그리고 'Wolfman' 등과 같이, Freud가 치료해 유명해진 몇몇 사례를 통해 지지를 끌어냈다. 이후 다양한 개입방법들의 효과를 검증하기 위해, 20세기 전반에 여러 가지 연구 설계가 개발되었고, 의약품 영역에 많이 적용되었다. 이에 따라, 무선 이중-맹검 위약 통제 집단 설계(Randomized double-blind placebo control group design)가 의약품의 효과를 검증하기 위한 절대 기준이 되었다(Gehan & Lemak, 1994; A. K. Shapiro & Shapiro, 1997). 실제로 미국 식품의약처(U. S. Food and Drug Administration: FDA)으로부터 의약품으로 승인받기 위해서는 이 설계를 사용하여 30년 이상 가는 장기 종단 연구에서 효과를 입증해야만 했다. 무선 이중-맹검 위약 통제 집단 설계(Randomized double-blind placebo control group design)가 개발된 지 얼마 안 돼, Rosenthan과 Frank(1995)는 심리치료의 효과성 연구를 하기 위해 이 설계 방법을 심리치료의 효과성을 연구하는 데에 적용할 것을 제안했다. 따라서 이후 심리치료 연구에 있어서 무선 설계(randomized design)의 사용이 증가했다.

무선 설계를 쓰기 시작할 즈음은 아직 심리치료효과에 대해 명확히 이해하지 못하고 있었던 때이다. 한편에서는 Hans Eysenck가 일련의 저작물을 통해 심리치료는 도움이 되지 않을 뿐만 아니라 심지어 해로울 가능성이 있다고 주장했다(Eysenck, 1952, 1961, 1966; Wampold, 2001b). 그의 주장은 치료를 받지 않은 환자들의 자연발생적인 회복률에 대한 연구에 기초하고 있었다. 해당 연구는, 기관 시설의 보호를 받는 '중증 신경증 환자들'과 '정신신경증 환자들'을 대상으로 한 것으로, Eysenck는 심리치료를 통한 회복률을 자연발생적 회복률과 비교하였고, 심리치료 집단에서의 회복률이 자연발생적 회복률보다 낮다고 보고했다. 실제 그는 "회복과 심리치료 사이에는 부적 상관관계가 있는 것으로 보인다. 심리치료를 더 많이 받을수록, 회복률은 더 낮다."고 주장했다(Eysenck, 1952, p. 322). 반면에 심리치료에 대한 문헌들을 검토하고 정반대되는 결론을 내린 심리치료 연구자들도 있었다. 이들은 심리치료가 실제로 효과가 있다고 주장했다(Bergin, 1971; Luborsky, Singer & Luborsky, 1975; Meltzoff & Kornreich, 1970). 하지만 이와 같은 논쟁은 치유적 작업으로서 적합성을 인정받고자 하는 심리치료라는 전문 분야에 전혀 이익이 되지 않는 것이었다. 한편 모든 논쟁은 이면에 숨겨진 다른 의미를 가지고 있다. 이 논쟁이 벌어지던 시기에, 심리치료 분야의 지배적인 접근은 정신분석이나 절충주의였다. 그리고 행동주의 접근이 등장해, 적합성을 인정받기 위해 애쓰고 있었다. Eysenck와 몇몇 다른 사람들(예, Rachman, 1971)은, 행동치료가 심리치료와는 다르게 과학적인 방법이기 때문에 다른 접근법에 비해 효과가 더 우월하다는 주장을 펴고 있었던 것이다. 이후에 Eysenck(1961, 1966)는 심리치료(즉, 정신분석과 절충주의 치료)가 비효과적이거나 해로운 반면, 행동치료는 눈에 띄게 효과적이라고 주장했다. Eysenck의 주장이 나오게 된 역사적 맥락에 대해서는 여러 문헌에서 이미 충분히 논의가 된 바 있다(M. L. Smith, Galss & Miller, 1980; Wampold, 2001b).

다수의 연구 결과를 객관적으로 종합하는 메타 분석(me-ta-analyses) 방법의 발달은 심리치료의 효과에 대한 논쟁에 있어서도 중요한 사건이다. 1977년에, M. L. Smith와 Glass는 통제된 심리치료 연구(controlled psychotherapy research)를 모두 모아, 각 치료법의 효과 크기를 계산했다. 그리고 치료를 받은 집단의 결과가 치료받지 않은 집단의 결과보다 얼마나 더 효과가 있었는지를 파악하기 위해 효과 크기의 평균을 냈다. 메타 분석의 복잡한 내용을 여기에서 논의할 필요는 없다. 다만 주목할 것은 이러한 초기 메타 분석의 영향으로 Glass(1976)가 표준화된 효과 크기 지표를 만들었다는 것이다. 해당 지표는 연구에 사용된 결과 측정값에 상관없이 계산될 수 있었다. 효과 크기의 측정값은 표준 편차 단위를 계산함에 있어 치료 집단의 값이 통제 집단의 값을 넘어서는 정도를 보여준다. M. L. Smith와 Glass는 종합적인 메타 분석에서, 심리치료를 받고 있는 내담자들의 결과가 어떠한 심리치료도 받고 있지 않은 사람들의 결과에 비해 표준 편차 단위에서 .80 정도로 좋다고 판단했다. .80의 효과 크기가 사실 매우 큰 것이라는 점은 본 장의 후반부에서 밝혀질 것이다.

M. L. Smith와 Glass(1977)의 연구결과는 행동주의자들에게는 곤혹스러운 결과였는데, 심리치료가 실상은 명백히 효과적이라는 것

을 밝혔고, 더불어 행동치료가 다른 심리치료법보다 훨씬 더 효과가 뛰어난 것은 아님(다음 장에서 고려되는 질문과 관련됨)을 밝혔기 때문이었다. 이런 이유로 M. L. Smith와 Glass의 메타 분석 결과의 타당성에 대한 격렬한 논쟁이 있었다. 분석 방법으로서의 메타 분석에 대한 비판뿐만 아니라, 그 저자들이 그 방법을 적용하는 방식에 대한 비판도 제기되었다. 예비 메타 분석 검토와 M. L. Smith와 Glass의 메타 분석 사이에 차이가 생기는 원인 중 하나는 분석 대상을 선정하는 방식, 즉 어떤 연구를 포함하고 어떤 연구를 제외할 것인지에 대한 의사결정과 관련된 것이었다. 모든 초기 연구는 제대로 설계되지 않은 연구(poorly designed studies)를 배제하려고 했다. 당연히 질적인 문제에 대해서 거센 의견 차이가 존재했다. 알려진 바로는 반대 입장을 지지하는 연구는는 질적 수준이 낮다는 이유로 분석에서 배제되었다고 하는데, 이는 흥미로운 사실이다(M. L. Smith et al., 1980). M. L. Smith와 Glass는 연구의 질과 상관없이 모든 연구를 대상에 포함시킨 후, 연구의 질이 효과 크기를 조절하는지를 살펴봄으로써 이와 같은 문제를 다루고자 했다. 그리고 상대적으로 잘 설계된 연구(better designed studies)가 특정 치료, 말하자면 행동주의가 더 우수하다는 것을 나타내주는지에 대한 문제에 답을 제시하고자 했다. 하지만 잘 설계된 연구라고 해서 행동주의 치료가 상대적으로 더 큰 효과를 보였다는 결과는 얻지 못했다.

그럼에도 불구하고, M. L. Smith와 Glass(1977)는 몇몇 중요한 행동주의 연구를 빠뜨렸다고 형편없이 설계된 연구를 포함시켰다는 이유로 비판을 받았다(Andrews & Harvey, 1981; Eysenck, 1978, 1984;

Landman & Dawes, 1982). 더욱이, 메타 분석에 포함된 연구 중에는 스트레스가 높지 않고, 비자발적인 응답자가(예, 심리학 전공 대학생) 상당수였다는 비판도 존재했다. 이후에 M. L. Smith와 Glass의 연구에 대해 비판한 연구자들이 심각한 심리적 어려움을 가지고 있으며, 자발적으로 치료를 받으러 온 내담자들을 대상으로, 연구방법의 차원에서도 잘 설계된 치료 연구 결과를 메타 분석했다. 하지만 효과크기는 역시 .80 정도로 M. L. Smith와 Glass의 효과 크기와 거의 일치하는 것으로 나왔다(Andrews & Harvey, 1981; Dawes, 1994). 심리치료 결과에 대한 추가적인 메타 분석에서는 치료를 받지 않은 경우와 비교했을 때 심리치료를 받은 경우의 효과 크기가 .80 정도라는 추가적 증거가 제시되었다(Wampold, 2001b).

이제 .80의 심리치료효과가 주목할 만한 것인지에 대한 문제로 돌아가 보자. 심리치료의 효과는 미미한가, 보통인가, 아니면 대단한가? 물론, 이러한 평가는 주관적이다. 하지만 다양한 방법으로 효과 크기를 재구성하고 .80이란 효과 크기를 다른 맥락에서 제시된 지수와 비교하는 것은 이 크기의 의미를 이해하는 데 도움이 된다. 예를 들면, .80의 효과는, 정신 건강 결과의 변산 중 13%가 심리치료를 받느냐, 받지 않느냐에 의해 결정된다고 말하는 것과 같다(Wampold, 2001b). 그러나 이러한 표면적인 사실이 심리치료의 효과성을 드러내는 데 큰 도움이 되는 것은 아니다. 왜냐하면 이것은 정신 건강 결과에서 변산의 87%가 치료를 받았느냐, 받지 않았느냐, 하는 요인으로 설명되지 않는다는 것을 의미하기 때문이다! 하지만 너무 성급하게 결론을 내려서는 안 된다. .80의 효과 크기란, 심리치료를 받고 있는 내담자는 치료를 받지 않는 내담자들의 79%보다 더 나아질 것을 의미하기 때문이다(M. L. Smith et al., 1980; Wampold, 2001b). 상식적인 수준에서 볼 때 이러한 해석은 함의가 크다. 고통스러워하는 사람의 대부분은 이러한 가능성을 보고 기꺼이 치료를 받을 것이기 때문이다.

많은 심리적 기능 장애에 있어서, 심리치료는 효과적일 뿐만 아니라 약물치료만큼이나 그 효과가 큰 것으로 보인다(Barlow, Gorman, Shear & Woods, 2000; Hollon, Stewart & Strunk, 2006; Imel, Malterer, McKay & Wampold, 2008; Mitte, 2005; Mitte, Noack, Steil & Hautzinger, 2005; Robinson, Berman & Neimeyer, 1990). 게다가 심리치료나 약물치료가 종결된 이후, 약물치료를 받았던 많은 내담자들은 다양한 시기에 증상이 재발한다. 하지만. 심리치료의 효과는 보다 오래 지속되는 것으로 보인다(Hollon et al., 2006). 심리치료는 내담자에게 그들의 심리적 어려움과 세상에 대한 대처 기술을 제공하는 것으로 보인다. 더욱이 이전에 약물치료를 받았던 적이 있는 내담자의 경우 추가적인 약물치료에 저항하는 반면, 추가적인 인지치료에는 저항하지 않는다(Leykin et at., 2007).

결론적으로, 일반적인 치유적 작업 중 하나로써, 심리치료는 분명 효과적이다. 임상 실험에서 심리치료를 받는 환자들은 받지 않는 환자들보다 심리치료를 통해 훨씬 많은 도움을 받는다. 실제로도 내담자들은 심리치료를 받지 않는 것보다 심리치료를 받음으로써 훨씬 많은 도움을 받는다. 실제 심리치료는 흔히 이용되는 증거－기반(evidence－based)의 의학적 개입보다도 더 효과적이다. 이와 같은 의학적 개입 중 일부는 심각한 부작용을 낳기도 하고 치료비가 상당히 비싸다는 단점까지 있다(Wampold, 2007). 종합하면, 심리치료는 광범위한 정신장애의 치료에 약물치료에 버금가거나 더 지속적인 효과가 있고 환자 또한 추가적인 조치에 대해 거부반응을 덜 보인다. 지금까지는 치료효과 관련 전반적인 연구결과를 소개했는데 지금부터는 일부 특정 심리치료 유형이 다른 유형에 비해 더 효과가 있는가 하는 문제에 대해 생각해보자.

상대적 효과성:
더 효과적인 치료법이 있을까?
ARE SOME PSYCHOTHERAPIES MORE EFFECTIVE THAN OTHERS?

제2장에서 간략하게 제시된 심리치료의 역사를 통해 우리는 ⓐ 많은 심리치료 방법이 오랜 시간에 걸쳐 개발되어 왔다는 것, ⓑ 각 심리치료의 지지자들은 종종 본인들의 접근에 대해 상대적 우월성을 주장한다는 것, ⓒ 내담자가 경험하는 치료적 이점(therapeutic benefits), 즉 치료효과에 기반해 치료법들을 구분하려는 다양한 시도가 있어왔다는 것, 그리고 마지막으로 ⓓ 이러한 이슈들은 지속적으로 논란의 여지가 있었다는 것을 알 수 있었다. 프로이트 학파 안에서의 논쟁이나 정신분석에 대한 행동주의자들의 비판과 같이, 특정 심리치료법의 우월성을 주장하는 것은 처음부터 심리치료의 핵심적 특성이 무엇인가에 기준을 두었다. 실제로, 심리치료가 효과적이지 않다는 Eysenck(1952, 1961, 1966)의 주장을 보면은, 심리치료는 정신적, 비과학적 원칙을 기초로 한 것인 반면 행동치료는 학습 이론이라는 과학적 원칙을 기초로 한 것이라는 점을 들어, 행동치료의 우월성을 보여주고자 하는 의도가 있었다. 특정 치료법을 지지하는 사람이 자신이 선호하는 치료법이 다른 치료법에 비해 더 효과적이라고 확신하는 것은 어쩌면 당연한 일일 것이다. 특정 접근을 지지하려면 그 접근이 갖고 있는 장점, 즉 가치에 대한 확신이 있어야 할

테니. 실제 제3장에서 이미 논의했던 것처럼 심리학적 치료법을 개발한 사람들과 실제 치료에 이를 적용하는 사람들이 해당 치료의 열광적인 지지자들인 것은 내담자들의 치료에도 도움이 되는 일이다.

행동치료 이외의 심리치료는 효과적이지 않다고 한 Eysenck의 주장은 다양한 측면에서 문제점을 갖고 있었다. 하지만 심리치료 결과를 다양한 심리치료의 상대적 효과성 검증의 근거자료로 활용하는 최초의 시도를 했다는 점에서는 의미가 있었다. 본 장에서는 M. L. Smith와 동료들(M. L. Smith & Glass, 1977; M. L. Smith et al., 1980)의 메타 분석을 시작으로 현재에 이르는 다양한 증거 자료를 검토하고자 하는데, 그 내용이 일부 독자들에게는 뜻밖으로 다가올지 모르겠다. 결론부터 먼저 말하면, 치료적 목적으로 고안된 치료법의 효과를 비교한 자료는 치료적 접근 간에 차이가 거의 없다는 것을 아주 명확하게 보여준다.

심리치료 일반

Psychotherapy in General

M. L. Smith와 Glass(1977)의 초기 메타 분석은 어떤 유형의 심리치료가 가장 효과적인가 하는 문제를 다뤘다. 그때 당시 활용되고 있던 다양한 심리치료 접근방법에 대해 가장 정밀하고 광범위한 분석을 시도했는데, 제시한 증거자료는 이와 같은 물음에 과학적으로 가장 타당한 답을 제공한 것이기도 하다. 이들의 메타 분석에서는 심

리치료 결과 관련 연구에서 드러난 약 800여 개의 효과(유의한 결과)를 10가지 유형의 치료법으로 분류하는 전략을 사용했다. 그리고 효과성의 측면에서 분산의 약 10% 정도가 치료 유형에 기인한다는 것을 밝혀냈다. 이러한 사실은 일부 유형의 치료가 다른 유형의 치료보다 더 효과적이라는 증거를 어느 정도 제시하는 셈이었다. 아들러 학파, 합리적 정서 치료, 체계적 둔감화, 그리고 행동 수정 요법이 .70을 초과하는 효과 크기를 보여, 가장 효과적인 유형으로 나왔다. 그러나 이러한 분석방법은 많은 문제점을 지니고 있었고, M. L. Smith와 Glass 역시 이를 부분적으로 인식하고 수정하는 시도를 하였다.

M. L. Smith와 Glass(1977)가 다양한 유형의 치료접근방법을 비교하는 과정에서 범한 핵심적인 오류는, 각 접근의 치료적 효과가 대부분 해당 치료를 받은 집단과 통제집단, 즉 어떠한 치료도 받지 않았던 경우와 비교를 한 결과에 근거했다는 점이었다. 각 치료 유형에 포함된 연구 결과는 서로 다른 효과 검증 연구로부터 축출되었는데, 이 연구들은 실상은 포함된 대상 장애나 의뢰 문제, 종속 변수, 내담자 유형, 연구의 질적 수준 등의 차원에서 매우 상이했다. M. L. Smith와 동료들은(1980) 각 연구의 특징을 코딩해 분석에 포함시킴으로써 이러한 차이를 통계적으로 배제하려는 시도를 했었다. 결과 척도의 반응도(the reactivity of the outcome measures)는 '결과를 측정하는 척도가 치료자나 실험자가 의도한 목표나, 가치 있게 여기는 결과를 나타냈거나 그와 밀접하게 관련되었던 정도'(p. 66)라고 정의된다. 그리고 이렇게 치료 결과를 측정하는 척도의 반응도를 통제한 결과, 치료 유형 간 효과 차이가 없는 것으로 드러났다. 행동치료와 관련된

연구들은 더 반응적인 척도(measures)를 사용했고, 효과가 더 큰 것으로 드러났다. 즉, 일부 치료가 상대적으로 더 효과가 있는 것처럼 혹은 이점을 가진 것으로 나온 이유가 더 반응적인 척도를 사용했기 때문인 것으로 보였다. 따라서 척도의 반응도와 다른 변수들을 통계적으로 통제해 분석을 다시 시도한 후, M. L. Smith와 Glass는 치료유형들의 효과가 대체로 동일한 수준이라는 결론을 내리기에 이르렀다. 행동치료(behavioral therapies)와 정신역동적 치료(psychodynamic therapies)에 대해서, "수정되지 않은 원래의 자료에서 행동치료법의 효과가 큰 것처럼 나왔던 이유가, 실상은 높은 반응도를 가진 척도를 사용했기 때문에 그렇게 보였던 것이라고 보고했다. 따라서 이 부분을 분석과정에서 통제하니 두 치료방법(즉, 행동치료와 역동 치료) 간의 유의미한 차이들은 사라졌다."고 보고했다(p. 105). M. L. Smith와 Glass(1977)는, "여러 문헌에서 각기 다른 심리치료 학파 사이의 이론적 차이점에 대해 집중적으로 다뤄왔음에도 불구하고, 자신들이 실행한 메타 분석 결과에서는 서로 다른 치료 유형들의 치료효과 간 차이는 무시할 만한 수준으로 나왔다."라고 결론을 내렸다(p. 760). 하지만 M. L. Smith와 Glass의 메타 분석은 심리치료가 효과적이라는 점을 입증하기보다는 행동치료가 다른 치료에 비해 명백히 더 효과적이지는 않다는 것을 검증한 셈이다. 실제 이런 점 때문에 M. L. Smith와 Glass의 메타 분석은 상당히 많은 비판을 받았다(Eysenck, 1978; Rachman & Wilson, 1980; Wilson, 1982; Wilson & Rachman, 1983).

M. L. Smith와 Glass(1977)가 인정했듯이, 혼재하는 변인을 통제하는 가장 좋은 방법은 오직 두 치료 접근을 직접적으로 비교한 연구

결과만을 추려내는 것이다. 이렇게 해야만 각각의 비교에 사용된 척도, 설계의 질, 내담자의 유형, 치료된 장애 등이 동질화 된다. M. L. Smith와 Glass도 실제 이러한 시도를 하긴 했었다. 그리고 이와 같은 추가 분석결과에서도 이미 그들이 내렸던 전반적인 결론과 동일한 결과를 보고했다. 하지만 여전히 이들이 분석에 포함시킨 연구 중에는 치료적 처치, 즉 이론적 접근방법을 공정하게 비교한 연구들이 거의 없다는 문제를 갖고 있었다(Wampold, 2001b).

이후 D. A. Shapiro와 Shapiro(1982a, 1982b)는 두 가지 치료적 접근을 직접 비교한 여러 연구를 검토함으로써 이러한 혼재된 연구 결과와 관련된 문제(confounding problems)를 다루는 시도를 했다. 그리고 분석에 M. L. Smith와 Glass의 연구에서 누락된, 그래서 비판을 받았던 행동주의 연구도 검토 대상에 포함시켰다(Rachman & Wilson, 1980). 분석의 대상이 된 연구 중에는 통제군, 즉 치료를 받지 않았던 집단을 포함한 연구가 포함되어있었다. 결론부터 말하자면 전반적인 효과 크기는, M. L. Smith와 Glass가 발견한 .80과 일치하는 것으로 나왔다(Wampold, 2001b). 하지만 이 메타 분석의 결과에 대한 정확한 설명은 간단하지가 않다. 우선 몇몇 치료 유형에 대해서는 치료 결과에 대한 직접적인 비교가 거의 이뤄지지 않았다는 것이 문제였다(예컨대, 역동 치료를 체계적 둔감화의 효과와 비교한 연구는 없었던 반면, 24개에 달하는 연구가 체계적 둔감화와 이완요법의 효과를 비교했다). 따라서, 이들 결과에서 '진정한(real)' 심리치료로 보기 어려운 몇몇 치료를 배제하면, 총 14개 연구의 연구가 남는데 이 중 오직 두 가지 유형의 치료를 비교한 연구 결과만이 유의미한 차이를 보이는 것으로 나왔다.

즉, 인지치료가 체계적 둔감화보다 더 효과적인 것으로 나왔고, 혼합된 치료법(mixed therapies)도 체계적 둔감화에 비해 더 효과적인 것으로 나왔다.

인지치료가 체계적 둔감화보다 효과적으로 나온 것은 예상 밖의 결과였다. 그때까지 다른 메타 분석 연구는 이 두 치료 유형 간에는 유의미한 차이가 없으며 단지 연구자가 자신이 지지하는 치료법에 대한 충성도의 측면에서 큰 차이를 보였다고 보고했기 때문이다(Berman, Miller & Massman, 1985). D. A. Shapiro와 Shapiro(1982a, 1982b)의 메타 분석이 가진 또 다른 문제는 치료접근법을 범주 별로 분류(classification)한 것이었다. 좀 더 구체적으로 말하자면, 치료법을 범주로 분류하는 자체가 어렵고, 분류하게 되더라도 그 과정에서 의견의 일치를 볼 수 있을지도 의심스러운 것이 문제였다. 관련된 또 다른 문제는, 실제는 매우 상이한 치료법이 분류하는 데 활용된 기준 때문에 동일 범주에 포함되어서 결과적으로는 상호 비교를 하지 못했다는 점이다(예컨대, 정통 정신분석과 단기역동 치료가 '역동 치료(dynamic therapies)'로 한 데 묶이는 바람에 정통 정신분석과 단기역동치료의 효과성을 비교하지 않았다). 세 번째 문제는, 치료 유형 간에 짝을 이룬 비교(pairwise comparisons)는 상당히 많은 수의 통계적 검정을 요구한다는 점이다(만약 K가지 치료 범주가 존재한다고 가정하면, $k(k-1)/2$ 개의 비교가 가능하다). 그리고 비교의 수는 범주가 많을수록 가파르게 증가한다. 예컨대, 치료의 6가지 범주는 15가지 통계적 비교를 필요로 하게 된다. 즉, 매우 효율적이지 않은 방법이었다.

따라서 Wampold와 동료들은(1997), 이처럼 치료유형을 분류하는 과정에서 파생되는 문제를 극복할 수 있는 메타 분석 절차를 고안했다. 그리고 치료를 위해 고안된 치료방법 간의 비교, 즉 처치 집단간의 차이를 비교한 연구만을 추리는 작업을 했다. 이렇게 치료를 위해 고안된 치료법만을 분석에 포함시킴으로써 처치집단이 아닌 통제 집단에게 제공되었던 치료는 비교 분석에서 제외시켰다. 이 과정에서 공감적인 치유자와의 관계와 같은 특정 공통 요인의 영향이 제거(통제)되었다. 통제 집단인 치료는 종종 *심리적 위약 효과(psychological placebo effect)*, *대안적 치료(alternative treatments)*, *공통 요인 통제(common factors controls)* 또는 *지지적 상담(supportive conseling)*으로 불리며, 내담자들에게 이론적 설명을 제공하지는 않았다. 통제 집단에 포함된 내담자들을 상대로 치료자들이 특정한 주제들에 대해 논의하는 것도 금지되었다. 통제 집단에 포함된 피험자들에게는 심리학적 원칙에 근거한 어떠한 치료적 요소도 제공되지 않았다(Wampold et al., 1977를 보라). 처치 집단, 즉 치료를 위해 고안된 치료법만을 비교한 연구를 메타 분석에 포함하는 것은, 이전에 '진정한' 심리치료가 아닌 치료법이 심리치료 분류 안에 포함되면서 초래되었던 문제를 해결하는 결과를 가져왔다(D. A. Shapiro & Shapiro, 1982a, 1982b). 이로 인해 D. A. Shapiro와 Shapiro(1982a, 1982b)의 '혼합된' 그리고 '최소한의' 분류를 분석한 결과의 해석은 설 자리를 잃게 되었다. 1장에 제시된 심리치료에 대한 일반적인 정의를 고려하면, 심리치료로 인정되지 않는 치료법의 효과성에 대해 주장하는 것은 합리적이지 않기 때문이다.

D. A. Shapiro와 Shapiro(1982b)의 선례와 Shadish와 Sweeney(1991)의 제언에 따라, Wampold와 동료들(1997)은 치료를 위해 고안된 두 가지 이상의 심리치료를 직접 비교한 연구만을 분석하는 시도를 했다. 1970년부터 1995년 사이에 6개의 주요 학회지에 실린 심리치료 결과에 관한 비교 연구를 모아 277개의 직접적인 비교를 시도했다. 이렇게 직접 비교를 시도한 절차에도 역시 몇 가지 문제점이 있긴 했다. 하지만 Wampold와 동료들은 효과의 평균치 대신 효과의 분포를 검토하는 방법으로 이 문제점을 해결했다. 예를 들면 치료적으로 고안된 모든 심리치료, 즉 처치/실험집단의 심리치료효과가 .80 수준에서 동등하게 나오는 경우, 만약 표본 추출(sampling)에 오류가 문제가 있었다면 두 치료 유형 간의 차이가 유의미하게 나오더라도 실제 효과 차이는 0에 가까운 것이라 해석할 수 있다. Wampold와 동료들(1997)은, 이와 같은 방법을 적용하여 치료법의 효과 차이가 대부분 0에 가깝다는 점을 밝혀냈다. 즉, 효과 차이가 매우 큰 것으로 보고되었던 몇몇 연구결과가 실상은 무선 표집을 하지 않았기 때문에 생긴 오류라는 점을 밝혔다. 이점을 감안해서 효과의 평균치만이 아니라 분포도 고려하여 효과 차이를 비교한 결과에서도, 일부 치료법이 다른 치료법보다 상대적으로 더 효과적이라는 증거를 제시하지 못했다(보다 기술적인 언어로, 효과는 0 수준에서 균등하게 분포되어 있었다).

다른 일각에서도 서로 다른 유형의 심리치료에 대한 다양한 메타 분석을 통해 *도도새* 가설이 옳다는 증거, 즉 효과성의 차원에서 치료접근법 간의 차이가 없다는 증거가 제시되었다. Rosenzweig(1936)

가 시사했던 바와 같이, “모두가 이겼고, 모두가 상을 받아야 한다.”는 것이었다. 물론, 일부 치료가 다른 치료에 비해 보다 효과적이라고 확신을 가졌던 사람들에게(예컨대, 경험적으로 지지된 치료들(ESTs)의 지지자들), 이와 같은 결론은 심히 불편한 것이었다. Ollendick와 King(2006)은 EST가 EST가 아닌 치료법들보다 더 효과적인지에 대해, “이 질문에 대한 대답은 명백하고 꽤 확정적이다(p. 308).”라고 여전히 주장했다. 여러 심리치료들의 상대적인 효과에 대한 연구들의 결론이 각기 다르다는 것은, EST의 우수성에 대한 찬반 논쟁을 제시했던 장에도 잘 드러난다(Wampold, Ollendick와 King, 2006). 이 이슈에 대한 합의는 아직도 이루어지지 않았기 때문에, 심리치료에 대한 다양한 접근방법을 배우기 시작하는 사람들이, EST만을 제한적으로 배우는 것은 합리적이지 않아 보인다.

물론, M. L. Smith와 Glass(1977; M. L. Smith et al., 1980), D. A. Shapiro와 Shapiro(1982b), 그리고 Wampold(1997)와 동료들의 메타 분석결과에 대한 매우 타당한 비판도 있었다. 당시 이러한 메타 분석의 대상이 된 각 연구는 치료의 대상인 정신장애의 유형을 고려하지 않은 채 표집에 포함되었었다. 이는 치료해야 하는 상황(증상)이 정확히 무엇인지 알지도 못한 채, 인슐린이 더 좋은지 혹은 항생제가 더 좋은지를 묻는 것과 같았다. 연구자들은 문제가 무엇인가에 대한 고려로부터 시작해, 효과성의 차원에서 치료법 간의 차이를 비교했어야 했다(DeRubeis, Brotman & Gibbons, 2005, p. 175).이와 같은 비판에 다른 연구자들(Crits-Christoph, 1997)도 가세했다. 그리고 위에서 소개한 메타 분석이 그렇게 하지 못했던 점에 대한 비판은 쉽게 사그라지지 않았다. 다음 섹션에서는 이와 같은 비판과 관련하여, 치료의 목표가 되는 증상의 측면에서 치료적 효과(effectiveness of psychotherapy)에 대해 논의하고자 한다.

상대적 효과성: 특정 장애에 따른 비교
For Specific Disorders

지면의 한계로 인해 모든 장애들에 대해서 살펴볼 수는 없어, 여기에서는 가장 만연한 정신장애인 우울과 불안 장애, 알코올 사용 장애, 성격 장애, 그리고 아동기 장애에 국한하여 살피고자 한다.

우울 Depression

1998년까지, 많은 치료법이 우울 장애 치료를 위한 경험적으로 지지된 치료(EST: Empirically Supported Treatment)로 지정되었다. 행동치료, 인지치료, 대인 관계적 치료, 단기적 역동 치료, 노령 인구를 위한 회상 치료(reminiscence therapy), 자기-조절 치료(self-control therapy), 그리고 사회적 문제-해결 치료(social problem-solving; Chambless et al., 1998)가 이에 해당한다. 오늘날 EST 목록이 개정된다면, 모든 정신장애에 제일 타당한 심리치료법으로 대두되는 치료, 예를 들면 인지행동치료에 버금가는(CBT; J. C. Watson, Gordon, Stermac, Kalogerakos & Steckley, 2003) 효과를 보이는 것으로 밝혀진 과정 중심 경험 치료(process experiential therapy; Ollendick & King, 2006)를 포함한 수많은 치료법이 추가되어야 할 것이다. 다양한 이론에 근거한 다수의 치료방법이 우울증의 치료에 효과적이라고 밝혀져 왔기 때문이다.

우울에 대한 임상 치료 접근방법에 대한 메타 분석 연구 결과는, 몇 가지 조건하에, 모든 치료방법의 효과가 동일하다고 일관되게 증명해왔다. 초기의 메타 분석 연구(Robinson et al., 1990)는 치료법을 네 가지 범주, 즉 인지적, 행동적, 인지－행동적, 그리고 언어적 치료법으로 분류했다. 언어적 치료는 역동적, 인본주의적, 경험적 치료법을 포함한다. 대체로 이 메타 분석 연구에서는 행동적, 인지－행동적, 그리고 인지적 치료법이 일반적인 언어적 치료법(역동적, 인본주의적, 경험적 치료)보다 효과가 뛰어나고 인지－행동적 치료는 행동치료보다 더 효과가 있다고 보고했다.

그런데 두 가지 핵심적인 이슈가 이 메타 분석연구 결과의 해석을 복잡하게 만든다. 첫째, 언어적 치료법으로 분류된 치료법 중 상당수가 실제로는 치료를 위해 의도적으로 고안된 접근방법이 아닐 가능성이 있다는 것이었다. 즉, 언어(대화)를 기반으로 하는 치료법 중 일부는 공감적 치료자와의 만남과 같은 치유적 요소가 핵심적인 특성인데 분석에서는 이와 같은 요소는 공통 요인으로 분류해서 그 영향을 통제하기 위해 통제 집단에 포함했기 때문이다. 앞서도 언급했지만 이러한 유형의 치료법은 전형적으로 치료에 대한 설득력 있는 과학적 이론적 근거를 가지고 있지 않았고, 심리치료자들이 치유적인 요소로 간주하는 조치(즉, 개입전략)도 거의 포함하고 있지 않았다. 이후의 메타 분석에서도 우울에 대한 인지치료의 효과는, 비인지적이고, 비행동적인 치료법이었던 '다른' 유형의 치료접근방법에 비해 상대적으로 높다고 보고했다(Gloaguen, Cottraux, Cucherat & Blackburn, 1998). 그러나 비교대상이었던 '다른' 유형의 치료 접근방법 중 상당수가 실험처치에 해당되는, 즉 치료를 위해 의도적으로 고안된 치료방법이 아니었다. 따라서 이렇게 설득력 있고 체계적인 이론적 기반을 갖추지 못했던 치료방법을 효과성 비교에서 제외하면, 인지치료가 의도적으로 고안된 다른 치료적 접근방법에 비해 결코 더 효과적이라고 할 수는 없다(Wampold, Minami, Baskin & Tierney, 2002).

두 번째 문제는 연구자의 충성도(allegiance)에 관한 것인데 이는 앞서 언급한 문제와도 관련이 있다. 많은 다른 연구에서 특정 접근방법에 대한 연구자의 충성도는 효과성 관련 연구 결과에 유의미한 영향을 끼친다는 점이 드러났다. 특정 치료방법의 지지자에 의해 수행된 연구는 그 치료방법에 부합하는(즉, 특정 치료 방법의 효과성을 증명하는) 결과를 지속적으로 보고했다(Berman et al., 1985; Luborsky et al., 1999; Wampold, 2001b). 충성 효과(allegiance effects)에 대한 설명은 다소 모호하기 때문에, 여전히 해결되지 않는 몇 가지 의문점을 가진다. 먼저, '연구자의 충성도는 연구자가 선호하는 치료방법의 효과가 더 크다는 결론을 이끄는 데 구체적으로 어떤 영향을 미치는 것일까?'는 질문이다. 이 질문에 답하기 위해서 몇 가지 가능성을 고려해 볼 수 있다. 연구자가 효과성 검증연구를 위해 연구에 참여하는 치료자들을 훈련시키고 감독할 때, 연구자의 충성도가 치료자의 충성도로 이어진다는 것이 한 가지 가능성이다. 선호하는 치료방법을 치료에 더 많이 적용하는 것과 같이 연구가 선호하는 치료방법을 선택할 수 있게 설계된 경우나, 반대로 비교 대상인 치료방법의 치료자들에게 흔히 사용하는 치료적 조치를 하지 못하도록 제한하는 것과 같이 비교 대상이 되는 치료적 접근방법이 제대로 구현되지 않도록 하는 경우(Luborsky et al., 1999; Wampold, 2001b)도 있을 수 있다. 마지막으로 치료적 효과를 의도하지 않는 치료 설계를 '언어적 치료(verbal therapies)' 혹은 '다른 치료(other therapies)'라고 명명된 치료적 접근방법에 포함시키는 경우도 분석 결과가 편향되게 나오게 하는 데 기여할 수 있다. 이에 Robinson과 동료들(1990)이 연구자의 충성도를 통제하고 효과성을 분석한 결과, 다양한 치료적 접근방법의 효과는 0으로부터 유의미하게 다르지 않음을 밝혔다. 이들의 연구에서 특정 치료적 접근에 대한 충성도는 우울에 대한 다양한 유형의 치료적 접근방법들 간에 존재하는 모든 효과 차이를 설명하는 요인이었다. 뒤집어 말하면 각기 다른 치료접근이 우울에 대해 동등한 효과성을 갖는 것으로 밝혀졌다.

이후, 우울에 대한 심리치료의 효과성 관련 메타 분석은, 대체로 치료접근 방법들 간에 차이가 존재하지 않는다는 점을 확인했다(예컨대, Cuijpers, van Straten, Andersson & van Oppen, 2008; Wampold, Minami, et al., 2002). 하지만 일부의 연구에서, 효과 크기가 큰 건 아니더라도 심각한 우울(severe depression)을 치료하는 데 있어서는 두 가지 유형의 치료방법(대인관계 심리치료와 행동적 활성화)이 CBT에 비해 상대적으로 더 효과적이라고 보고했다(Dimidjian et al., 2006; Elkin et al., 1995). 많은 연구자들은 심각한 우울의 경우 치료적 개입에 매우 민감한 반응을 보이기 때문에, 치료법의 효과가 대체로 동등한 것이 그리 놀랄만한 일이 아니라고 설명한다. 한편 불안 장애에 대해서는 일부의 치료법이 다른 치료법에 비해 상대적으로 더 효과가 있다는 주장이 있다.

불안 장애 Anxiety Disorders

우울 장애의 경우, 메타 분석 방법이 발전하면서 초기 분석 과정에서 나타났던 문제들이 많이 개선되었다. 불안 장애(anxiety disorders)의 경우에는 그렇지 못했지만 어느 정도 잠정적인 결론을 이끌어 내기에는 충분한 증거는 존재한다. 이제부터 자세히 살피려고 하는데 우선 결론부터 말하면, 효과적이라고 입증된 일부 치료법이 있기는 해도 불안 장애에 대해 특정 치료접근법이 다른 치료접근법에 비해 확실하게 치료효과가 뛰어나다고 결론 내릴만한 증거는 충분하지가 않다. Wampold(2001b)는 불안 장애 치료법에 대한 모든 메타 분석 결과를 검토했지만 특정 치료가 더 효과적이라는 증거는 못 찾았다. 우선 Wampold(2001b)가 검토한 연구 중에는 불안 치료법을 직접적으로 비교한 연구 사례 수가 충분치 않아 확실한 결론을 내리기 어려웠다. 따라서 지금부터는 Wampold(2001b) 이후의 몇 가지 연구를 간략하게 검토해 보도록 하겠다.

불안 장애 중에는 외상 후 스트레스 장애(Posttraumatic stress disorder: PTSD) 분야에 임상적 실험과 치료법을 가장 많이 찾을 수 있다. 수년 동안 PTSD의 치료를 위해 많은 치료법들이 개발되고, 효과 검증이 이루어 졌는데, CBT(Foa et al., 2005; Foa, Rothbaum, Riggs & Murdock, 1991), 안구-운동 둔감화 및 재처리 요법(Eye-Movement Desensitization and Eeprocessing: EMDR; Rothbaum, Astin & Marsteller, 2005; F. Shapiro, 1989)), 노출 요법을 포함하지 않는 인지치료(Cognitive ther-apy without exposure, Tarrier et al., 2005), 최면요법(Brom, Kleber & Defares, 1989), 정신역동적 치료(Brom et al., 1989), 그리고 현재-중심적 치료(Present-Centered Therapy, McDonagh et al., 2005) 등이 이에 해당된다. 이러한 치료법들은 조건화, 인지 재구조화, 정신역동, 그리고 신경심리학 등을 포함한 각기 다른 이론적 근거에 기반하고 있다. 일부는 의도적으로 노출(exposure) 그리고/혹은 인지 재구조화를 배제하도록 설계되었으며(예컨대, McDonagh et al., 2005; Tarrier et al., 1999), 일부는 몇몇 연구자들이 과학적으로 타당화되지 않았다고 여겨 온 것(예컨대, EMDR; Herbert et al., 2000), 또 다른 것은 '구식인' 정신적 구성개념들(예컨대, 최면요법과 역동적 치료법)에 기반을 두고 있다. PTSD는 특정 사건이나 일련의 사건들이 원인이 되어 나타나는 장애이기 때문에, 과학적이고 심리학적 설명에 기반을 둔 치료법이 다른 치료법에 비해 보다 효과적일 것이라고 생각할 수 있다. 최근에는 Benish, Imel, 그리고 Wampold(2008)가 Wampold와 동료들(1997)의 메타 분석 방법을 사용하여, PTSD 치료를 위해 고안된 두 가지 또는 그 이상의 치료방법을 직접 비교했던 모든 연구의 효과를 종합하는 시도를 하였다. 하지만 PTSD 증상에 대한 치료적 조치를 포함한 모든 조치에 대해, 효과성의 유의미한 차이가 존재한다는 증거를 찾지 못했다. 설사 차이가 존재하는 경우도 효과가 유의미하게 작다는 것을 발견했다. 따라서 현재까지 PTSD 치료와 관련해서는 특정 치료방법이 다른 어떤 치료방법보다 더 효과적이라는 결론을 지지할 근거가 존재하지 않는다. 뒤집어 이야기하면 PTSD 치료방법이 설득력 있는 이론적 설명에 기반하고 있고, 치료방법을 신뢰하는 유능한 치료자에 의해 행해지며, 치료에 자발적으로 참여하는 내담자에게 실시되는 경우라면, 각기 다른 치료방법이 비슷한 효과를 보인다고 결론 내릴 수 있다.

공황장애(panic disorder) 치료에 있어서도 다양한 장애의 치료과정에서 나타나는 흥미로운 경향이 보고된다. 한편 공황 장애는 다른 불안 장애(예컨대, 광장 공포증)와 동반되어 나타나는 것이 흔하긴 하지만 증상의 식별이 쉬워서 전반적으로 진단이 용이한 장애이다. 공황 장애 증상들에 초점을 맞춘 최초의 치료법은 인지－행동 그리고 행동치료법(주로 이완 요법(Relaxation Therapy: RT))이었고, 이런 치료법은 치료를 받지 않은 통제군이나 공통 요인의 영향을 통제한 치료방법과 비교하면 꽤 효과적인 것으로 밝혀졌다(Barlow, Craske, Cerny & Klosko, 1989를 참조). 공황 장애 치료법 간의 비교는 대부분 행동치료와 인지행동치료를 비교하거나, 이들 중 하나와 약물 치료를 비교한 경우다. 한 메타 분석에 따르면, CBT의 인지적 구성요소는 공황에 대한 행동치료의 효과를 높이지는 않았지만, 우울 증상을 많이 개선하는 것으로 나타났다(Mitte, 2005). 하지만 Siev와 Chambless(2007)의 메타 분석에 따르면, 심각한 광장 공포증이 없는 공황에 대한 치료에 있어, 행동치료인 이완 요법(RT)보다 인지행동치료(CBT)가 더 효과적이었지만 불안과 우울 등의 경우는 그렇지 않았다. 한편 이렇듯 일관되지 않은 결과를 보고한 연구들은 분석에 따라 네다섯 개 정도밖에 되지 않는 적은 수의 비교에 근거했다. 따라서 공황 치료에 대한 인지치료와 행동치료의 패권은 이러한 치료법들의 초기 발달 그리고 검증 과정과 크게 관련되어 있을지도 모른다. 인지치료와 행동치료에 비해 매뉴얼화하기 어려운 치료법에 대한 검증 작업은 이들에 훨씬 뒤처져 있다. 그럼에도 불구하고 공황 장애에 대한 최근의 잘 통제된 정신분석적 심리치료 연구결과는 정신분석적 심리치료 또한 매우 타당한 치료법임을 보여준다(Milrod et al., 2007). 그러므로 일각에서는 인지치료와 행동치료가 아닌 다른 치료적 접근법도 공황의 치료를 위해 추가적으로 개발되고 검증되면, 인지치료법과 인지행동치료법에 버금가는 효과가 있을 것이라 주장할 가능성이 있다(Wampold, 2001b).

불안 장애 치료에 대한 접근법을 비교한 다른 연구에서도 비슷하게 일관되지 않은 결과를 보고했다. 예를 들어 강박 장애에 대한 행동치료법(반응 예방법/노출법)과 CBT를 직접 비교한 한 연구결과를 보면 둘 중 어떤 치료법이 더 우월하다는 일관적인 결과를 얻지 못했다(Cottraux et al., 2001; Emmelkamp, Visser & Hoekstra, 1988; Simons, Schneider & Herpertz－Dahlmann, 2006; Van Oppen, de Haan, Van Balkom & 1995; Whittal, Thordarson & McLean, 2005). 비슷한 유형의 치료법을 비교한 최근의 메타 분석에서도, 산출된 효과 크기가 유의미하게 다르지 않았음이 밝혀졌다(Rosa－Alcàzar, Sànchez－Meca, Gómez－Conesa & Marín－Martínez, 2008). 범불안 장애(generalized anxiety disorder, Siev & Chanbless, 2007)와 사회 불안(social anxieties)의 치료법(Acarturk, Cuijpers, van Straten & de Graaf, 2009)에 대한 효과성 비교도 비슷한 결과를 나타낸다.

종합하면, 공황 증상에 있어 인지행동치료(CBT)가 이완요법(RT)에 비해 더 효과적이라는 예외적 결과를 제외하면, 특정 치료법이 다른 치료법들에 비해 특정 불안장애(예, 강박장애, 사회불안, 범불안 장애 등)에 상대적으로 더 효과적이라는 증거는 존재하지 않는다. 뿐만 아니라 대부분의 비교가 불안 장애에 대한 행동치료법과 인지행동치료법의 연장선상에 있는 치료법만을 대상으로 검증되어왔다는 사실은 이러한 결론마저도 의미를 희석시킨다. 따라서 불안 장애에 대한 다른 설득력 있는 치료법들이 개발되고 검증되면, 그 치료법들은 인지치료법과 행동치료법만큼 성공을 거둘 것으로 보인다고 결론지을 수 있다.

물질 사용 장애 Substance Use Disorders

물질 사용 장애에 있어서는 CBT, 동기 부여 면접, 12단계 프로그램, 그리고 사회적 기술 훈련 등을 포함하는 광범위한 치료법이 존재한다. 하지만 잘 설계된 실험 사례들에서 다양한 치료법 간의 효과 차이는 거의 발견되지 않았다(Project Match Research Group, 1997). 최근 알코올 사용 장애(alcohol use disorders)에 대한 치료법을 직접 비교한 연구의 메타 분석에서도, 알코올 사용 장애에 대한 조치나 금주요법을 사용하는 다수의 치료법들 간에도 효과 차이가 없었다(Imel, Wampold, Miller & Fleming, 2008). 이와 같은 결과는 이 분야에서 진행되었던 이전의 메타 분석 결과와도 크게 다르지 않다.

성격 장애 Personality Disorders

성격장애를 위한 체계적인 치료법으로 가장 잘 알려져 있는 것은 Linehan(1993)에 의해 개발되어 경계선 성격 장애(borderline personality disorder)에 적용되는 변증법적 행동치료(Dialectical Behavioral Therapy: DBT)이다. DBT는 정서를 조절하기 위한 마음챙김 기법(mindfulness techniques)을 포함한 인지-행동적 요소를 포함하고 있으며, 내담자에 대한 지지, 그리고 경계선 성격 특성을 가진 내담자를 치료하는 치료자의 자기-효능감(self-efficacy)과 기술 증진 관련 내용을 포함한다. DBT는 지역사회의 전문 치료자들에 의해 진행되는 기존의 일반적 치료(Treatment As Usual: TAU)를 포함한, 다양한 통제 조건과 비교했을 때 상대적으로 더 효과적임이 밝혀져 왔다(Linehan et al., 2006).

한편 정신역동적 치료자들은 최근 성격 장애를 위한 몇 가지 치료법을 개발했다(Clarkin, Levy, Lenzenweger & Kernberg, 2007). DBT의 효과는 정신역동적 치료인 전이-초점 심리치료(Transference-Focused Psychotherapy)와 비교되었다. 그리고 이 두 구조화된 치료법들 모두 다양한 결과적 측면에서 효과가 있다는 사실이 밝혀졌다. 그러나 충동, 분노, 짜증, 그리고 공격성 측면에서는 DBT보다 전이-초점 심리치료가 더 큰 효과를 보였다(Clarkin et al., 2007). 성격 장애에 대한 치료 연구는 기분 장애에 비하면 상대적으로 적지만, Leichsenring와 Leibing(2003)은 특히 성격 장애를 위한 정신역동적 치료법들과 CBT에 대한 메타 분석을 수행했고, 대체로 정신역동적 치료의 효과가 CBT의 치료효과와 비슷하거나 그보다 더 크다는 것을 발견했다. 그러나 이 메타 분석의 대상이 된 연구 중 상당수는 통제가 잘 이뤄지지 않았고, CBT와 정신역동적 치료를 직접 비교한 연구도 거의 없었다. 따라서 성격 장애에 있어서 어떠한 특정 치료법이 다른 치료법보다 더 효과적이라는 결론을 내리기는 힘들다. 하지만 정신역동적 치료법이 CBT에 선두 자리를 내주지는 않는 것 같고 오히려 더 효과적인 것 같다.

아동기 장애 Childhood Disorders

아동을 위한 심리치료에 대해서도 많은 메타 분석이 실시되어 왔다. 아동 치료 결과를 성인을 대상으로 한 치료 결과와 비교하는 것은 적절하지 않다. 다년간에 걸쳐 발전해온 연구 설계법과 통계 방법을 기반으로, 이들 연구는 서로 다른 방식으로 효과 크기를 계산하기 때문이다. 그런 부분을 감안해도 심리치료는 성인에게서 나타나는 효과만큼은 아닐지라도, 아동에게도 효과적인 것으로 보인다 (Weisz, McCarty & Valeri, 2006; Weisz, Han, Granger & Morton, 1995). 하지만 아동치료에 인지행동치료법이 다른 치료법들보다 더 효과적인지에 대해서는 어느 정도의 논쟁이 존재한다. 1995년에, Weisz와 동료들은 메타 분석을 실시하여, 행동치료가 비행동적 치료보다 아동에게 더 효과적이라는 결론을 내렸다. 이와 같은 결론이 인위적인 결과물일 수 있다는 주장도 있었다. 그래서 Weiss와 Weisz(1995)는 연구 결과가 인위적인 영향을 받았을 가능성이 있는 연구의 질을 조사했고, 인위적인 영향이 있더라도 행동치료법이 효과측면에서 더 우월하다는 결과를 깎아 내리는 정도는 아니라고 보고했다. 하지만 이후의 메타 분석을 통해, CBT가 우울한 아동에게 비인지치료보다 더 효과적이지 않다는 것을 밝혔다(Weisz, McCarty, et al., 2006). 이러한 메타 분석에서는 연구 간의 직접적인 비교가 거의 이루어지지 않았기 때문에, 그 결론의 타당성이 저해된다. 이 문제는 최근 다른 메타 분석에서도 다루어졌다.

예를 들어, Spielmans, Pasek와 McFall(2007)은 우울과 불안이 있는 아동에게 실시된 CBT와 다른 치료법을 직접 비교한 연구 결과를 종합했다. 그리고 CBT가 치료를 의도하지 않은 치료법들(예, 연구의 통제조건)에 비해서는 더 효과적이지만 다른 의도된 치료법(예, 연구의 처치조건)과 비교했을 때는 더 효과적이지 않다는 것을 밝혔다. 한편 Miller, Wampold 그리고 Varhely(2008)는 우울, 불안, 품행 장애, 그리고 주의력-결핍/과잉 행동 장애를 가진 아동에게 치료를 목적으로 실시된 두 가지 치료법을 직접 비교한 1980년에서 2005년 사이의 모든 연구(예, 치료효과 검증연구)에 대한 메타 분석을 실시했다. 그들은 Wampold와 그 동료들의 메타 분석 연구 결과(1997)와는 다르게, 각 연구의 효과가 0의 주변에 균일하게 분포되어있지 않는 것, 즉 정상분포를 보이지 않는 것을 밝혀냈다. 이는 일부 치료법이 다른 치료법에 비해 더 효과적일 수 있다는 점을 보여준다. 그러나 치료법들 사이의 이런 효과 차이는 연구자가 치료에 대해 가지는 충성도가 완벽하게 설명했다. 즉, 연구자가 어떤 치료법을 전적으로 지지하고 있었을 때, 그 치료법에 유리한 효과를 산출해냈다는 것이다. 예를 들어, 어떤 연구에서 그 연구자가 전적으로 지지하는 치료법이 있다면, 두 가지 치료법에 대해 치료자들을 훈련시키고 지도할 때, 자신이 선호하는 치료법을 우선시하는 경향이 있었다. 이유야 어쨌든 간에 Miller와 그 동료들(2008)에 의해 발견된 치료접근 간의 효과 차이는 실상 매우 작았고, 성인에게서 나타난 것과 비슷한 정도였다. 성인의 경우에서와 같이 아동의 경우에도 특정 접근법이 다른 접근법에 비해 더 효과적인 것 같지는 않았다는 것이다.

상대적 효과성에 대한 결론
Relative Efficacy Conclusions

일반적인 심리적 어려움 혹은 특정 장애를 치료하고자 할 때, 어떠한 치료법도 치료를 목적으로 고안된(즉, 치료효과 검증 연구에서 대조군이 된) 다른 치료법보다 일관되게 더 효과적이라는 결과는 존재하지 않는다. 그러나 정확한 결론을 내리기에는 몇 가지 한계점이 존재한다. 비록 불충분하기는 하지만, 일부 치료법이 우월하다는 몇 가지 증거가 있다. 예를 들어, Siev와 Chambless(2007)는 다섯 가지 연구에 대한 메타 분석 결과에서, 광장 공포증을 동반한 공황 장애에 대해 CBT가 이완요법보다 일부 영역에서 치료 결과가 더 좋다는 것을 밝혀냈다. 심각한 우울에 대해서는 CBT의 효과가 일부 대안적 접근법(즉, 행동 활성화와 대인관계적 심리치료)보다 상대적으로 떨어지는 것으로 보인다. 적어도 경계선 성격 장애의 치료에 대한 한 실험 결과와 전반적인 성격 장애의 치료에 대한 메타 분석 결과에 근거하면 정신역동적 치료가 CBT들보다 더 효과적인 것으로 보인다. 그러나 많은 연구가 치료법들 사이에 어떠한 차이도 밝혀내지 못했고, 많은 메타 분석 결과도 비슷한 결론을 내렸다는 점을 고려했을 때, 일부 메타 분석 연구에서 밝혀진 이 작은 차이에 기초해 특정 치료법을 추천하기는 어렵다.

실제 현장에서의 심리치료
PSYCHOTHERAPY IN THE REAL WORLD

이 장에서 검토할 대부분의 자료는 임상 실험결과를 바탕으로 한다. 비밀유지에 대한 특성과 전문가들에게 부여된 상대적 자율성과 같이, 일상적인 환경에서 정신 건강 서비스가 갖는 특성 때문에, 실제 치료장면에서 심리치료가 어떻게 제공되는지에 대해서는 거의 알려진 바가 없다. 그러나 시스템 관리의 차원에서 실제 치료 장면에서도 치료 결과에 대한 평가를 하기 시작했고, 정신장애 치료에 대해 평가하기 위해 다양한 국가 차원의 조사가 실시되고 있다. 따라서 이 섹션에서는 이렇게 실제 서비스 차원에서 진행된 연구 결과를 간략하게 요약하고자 한다.

우선 가장 중요한 문제는, '실제 임상 환경에서 실시되는 심리치료가 효과가 있는가?'이다. 통제된 실험 연구들에서 재현된 심리치료는 명백히 효과적인 것으로 나타나기는 하지만, 그 치료가 실제 임상 장면에서 실시될 때에도 동일한 효과가 있을 것이라 보장할 수는 없다. 이 문제에 대한 해답을 찾기 위해 세 가지 전략이 활용되었다. 첫 번째 전략은, 통제된 연구에서 재현된 치료법이 현장에서 실시될 치료법과 어느 정도 흡사한가를 평가하는 것이다. 이것은 때때로 *임상적 대표성(clinical representativeness)*이라 불린다. 그런데 대체로, 특정 치료법이 임상 현장을 대표하는 정도는 효과 크기와 관련이 없다고 밝혀져 왔다. 즉, 실제 치료장면에서 실시되듯이 비교적 높은 임상적 대표성을 가지고 재현된 치료의 효과는 엄격하게 통제된 실험 장면에서 실시된 치료에 못지 않았다.

두 번째 전략은, 실제 임상 장면에서 특정 치료법을 시행하고 기존의 일반적인 치료(Treatment As Usual: TAU, 때때로는 usual care 또는 standard care라고 불림)와 그 결과를 비교하는 것이다. 전형적으로, 실제 환경에 도입되는 치료법은 EST이거나, 보다 통제된 조건에서 개발되고 검증된 증거-기반 치료법(EBT)이다. TAU 연구의 가설은, EST를 실제 임상 장면에서 실시하면 서비스의 질이 향상될 것이라는 것이다. 아동과 성인의 정신장애에 관한 연구는, 실제 환경에서 실시된 EST 혹은 EBT가 TAU보다 더 나은 결과를 낳는다는 점을 발견했다(Addis et al., 2004; Linehan et al., 2006; Weisz, Jensen-Doss & Hawley, 2006). 그러나 여기에는 수많은 주의사항들이 존재한다. 종종, EST 혹은 EBT를 실시하는 치료자들은 EST 혹은 EBT를 개발한 권위자로부터 추가적인 지도감독과 훈련을 받는다. 또, TAU는 처치 집단으로 고안된 심리치료가 아니며(예컨대, 지지 집단), TAU의 치료자는 내담자와 훨씬 덜 접촉한다. 무엇보다도 어떤 경우가 됐든, EBT 혹은 EBT와 TAU 사이의 효과성 차이는 꽤 작고, 보다 잘 통제된 연구에서도 유의미하게 다르지 않다고 보고된다는 점을 유념해야 한다(Minami & Wampold, 2008).

임상 환경에서의 결과를 평가하는 세 번째 전략인 *벤치마킹*

*(bench marking)*이라는 개념은, 임상 실험(clinical trials)에서 심리치료의 효과(즉, 치료 이전에서 치료 이후까지의 효과)를 계산하고, 그 다음 실제 환경에서 같은 효과를 계산하는 것이다. 초기 벤치마킹 연구에서, Weersing와 Weisz(2002)는 메타 분석을 통한 벤치마크를 계산하였다. 이들은 67명의 아동에 대한 TAU(Treatment As Usual)의 효과가 임상 실험상황에 내담자들에게 의도적으로 제공한 치료의 효과보다는 치료를 받지 않았던 통제군의 효과에 더 가깝다는 점을 밝혀냈다. 애석하게도, 벤치마킹은 신뢰할만한 평가치를 제공하기 위해서는 대형 표본이 필요하고, 효과를 비교하는 방법도 복잡하다. 따라서 최근에, Minami와 동료들은 벤치마킹 전략(benchmarking strategies)을 개발했다(Minami, Serlin, Wampold, Kircher & Brown, 2008). 그리고 메타 분석적으로 성인의 우울치료에 대한 벤치마크를 만들어냈다(Minami, Wampold, Serlin, Kircher & Brown, 2007). 우울 진단을 받은 수천 명의 내담자들의 자료 중 의료보험(managed care)에서 인정하는 심리치료를 받는 자료를 살펴봤다. 그 결과, 실제 임상 현장에서 얻어진 결과는 임상 실험에 의해 설정된 벤치마크를 충족시키거나 초과하는 것을 발견했다(Minami, Wampold, et al., 2008).

임상실험에서 실시된 치료법들만큼 효과적이지는 않더라도, 임상 현장에서 진행되는 치료 역시 효과가 있는 것으로 보인다. TAU가 실제 임상 환경에 적용된 EST나 EBT보다 효과가 적다는 증거가 일부 존재한다. 그러나 그 차이가 작고, 추가적인 훈련과 지도감독, 그리고 증가된 치료 강도와 같은 요인이 가외변인으로 작용했을 가능성이 있기 때문에 그 비교 결과를 해석하기 어렵다. 하지만 이런 결과는, 임상 현장에서 몇몇 치료법이 다른 치료법들보다 더 효과적일 수도 있다는 가능성을 제기한다. *도도새*의 결과가 임상 현장에도 적용될까? 다시 말하지만, 실제 임상장면에서 증거 자료를 얻는 것이 쉽지는 않다. 그러나 영국 국립건강관리처(The National Health Service in the United Kingdom)는 일차 진료 상황에서 제공되는 심리치료의 결과를 정기적으로 평가하여 이런 문제를 다루고자 하는 노력을 계속해왔다. 심리치료 제공자, 즉 실무자들로 하여금 자신들이 CBT, 인간중심, 혹은 정신역동 치료를 하고 있는지를 명시하게 했다. 대형 표본을 사용한 두 개의 연구에서, 심리치료 제공자들은 이 세 가지 유형의 치료법의 효과성을 대체로 동등한 수준으로 보고했다(Stiles, Barkham, Mellor-Clark & Connell, 2008; Stiles, Barkham, Twigg, Mellor-Clark & Cooper, 2006). 본 연구결과는 임상 실험의 결과에서 대체로 동등한 것으로 밝혀진 치료법들 간의 효과가 임상 현장에서도 마찬가지로 드러난다는 점을 암시한다,

치료효과의 측면에서 치료의 유형이 차이가 유의미하지 않다는 점을 고려했을 때, 치료자들이 실제 실시하는 치료접근을 자세히 살펴볼 필요가 있다. Norcross와 동료들은 10년에 한 번씩 미국 심리학회(American Psychological Association: APA)의 29번째 분과(심리치료) 소속 학회원들이 어떤 유형의 심리치료를 제공하고 있는지를 조사한다. 가장 최근의 조사에 따르면(Norcross, Hedges & Castle, 2002), 응답했던 심리학자들의 3분의 1 이상이, 절충적이거나 통합적 입장을 취하고 있다고 밝혔으며, 그 다음으로 정신역동 혹은 정신분석적(29%), 행동 혹은 인지적(19%: 1981년에 조사된 것의 약 2배), 그리고 인본주의적

(인간-중심, 로저리언, 실존주의, 게슈탈트 기타 인본주의; 1981년에 조사되었던 14%보다 떨어진 6%) 입장을 취하고 있다고 밝혔다. 이 자료에 따르면, 인지-행동적 접근법이 점점 더 인기를 얻어가고 있고, 인본주의적 접근은 하향세를 보이는 듯 했다.

한편 내담자들이 의뢰 문제를 치료하는 데 필요한 것에 비해 과도하게 심리치료를 받는 경향이 있기 때문에 치료적 서비스를 제한할 필요가 있다는 인식이 많이 존재한다. 하지만 본 연구 결과는 이러한 가정을 지지하지 않았다. 앞서 논의됐던 벤치마킹 연구를 보면(Minami, Wampold, et al., 2008), 치료적 서비스 이용 횟수가 제한되지 않았던 내담자들의 경우는 우울의 벤치마크를 충족하기 위해 평균적으로 9회의 치료를 받았다. 반면에, 벤치마크를 만들어내기 위해 이용된 임상실험에서의 평균은 16회였다(Minami, Wampold, et al., 2008). 즉, 현실에서 실시되는 심리치료는 효과적일 뿐만 아니라, 서비스 제공의 측면에서도 효율적이라는 것이 밝혀진 셈이다! Stiles, Barkham, Connell, 이에 더해 Mellor-Clark(2008)는, 내담자와 치료자가 내담자의 필요에 따라 치료 기간을 조정하고, 내담자가 충분한 호전을 보였을 때는 치료를 종결했다고 보고했다(또한 Baldwin, Berkeljon, Atkins, olsen & Nielsen, 2009 참조).

이처럼 실제 임상현장에서의 심리치료효과는 앞서 언급한 여러 연구결과를 통해 잘 입증된다. 치료를 위한 전략이 아주 작은 긍정적인 변화를 가져오기만 하더라도 그 가치는 사실 엄청나다 할 수 있다. 하지만 호전을 보이지 않는 사례 혹은, 오히려 악화되는 사례의 경우는 어떻게 할까? 치료받고 있는 내담자 중 5%에서 10%가 호전되는 것이 아니라 악화된다는 보고도 있다(Bergin, 1971; Hansen, Lambert & Forman, 2002). 많은 연구자들이 일상적인 치료장면에서 결과, 즉 치료효과를 측정할 것과 치료방법을 개선하기 위해 이와 같은 정보(즉, 측정된 치료결과)를 활용하는 것의 중요성을 꾸준히 강조해왔다(Lambert, Hansen & Finch, 2001; Miller, Cuncan & Hubble, 2005). 이에 치료자가 내담자로부터 치료를 받아 좋아진 부분에 대한 피드백을 받는 것이 도움이 되는지(즉, 피드백의 효과)를 살펴본 연구들이 특별한 관심을 받고 있다. 일련의 연구에서, Lambert와 그 동료들(Harmon et al., 2007; Lambert, Harmon, Slade, Whipple & Hawkins, 2005; Lambert, Whipple, et al., 2001; Lambert et al., 2002; Whipple et al., 2003)은 내담자가 기대된 만큼의 진전을 보이는지(즉, 그 내담자의 심각성을 고려했을 때, 기대한 만큼 호전되었는지, 기대에는 못 미치지만 어느 정도 좋아졌는지 혹은 오히려 악화되었는지)에 대한 피드백을 주는 것이 어떤 효과가 있는지를 연구했다. 이 연구에 따르면, 이렇게 간단한 피드백을 받았던 치료자의 내담자가 피드백을 받지 못한 치료자의 내담자에 비해 치료가 종결된 시점에 증상이 더 호전되었다고 보고했다. 즉, 더 나은 치료효과를 보고했던 것이다. 그리고 이와 같이 치료자가 내담자로부터 치료경과에 대한 피드백을 받는 효과는 악화되고 있었던 내담자에게서 더 큰 것으로 나왔다.

결론
CONCLUSION

심리치료의 효과에 대한 논쟁이 계속되긴 해도, 심리치료가 명백히 효과적이라는 점은 많은 연구자료를 통해 입증되었다. 즉, 심리치료는 의학적 조치보다 더 효과적이며, 대부분의 정신장애에 약물치료에 버금가는 효과를 보인다. 그리고, 일부 예외의 경우를 제외하면, 우울, 불안 등 특정 장애에 대한 효과를 알아본 연구에서 뿐만 아니라, 여러 장애에 대한 전반적인 효과를 알아본 연구에서도 효과적인 것으로 나왔다. 하지만 일반적으로 치료법의 유형별 차이는 유의미하지 않아, 다른 치료방법에 비해 더 효과적인 치료 유형은 존재하지 않는다. 또한, 임상 현장에서 실제 내담자에게 제공되는 심리치료의 효과는 임상 실험 장면에서 재현되는 심리치료의 효과와 완전히 동일하거나 거의 동일하게 나온다.

4장

심리치료의 효과를 가져오는 요인은 무엇인가?

How Does Psychotherapy Work

역사적으로 보면, 심리치료의 효과가 각 치료법이 가진 특수한 요인에서 비롯되는 것이라 믿는 사람들과 대다수의 치료법이 공통으로 가지는 치료 요인에 기인하는 것이라 믿는 사람들 사이에 갈등이 존재해왔다. 그래서 심리치료 효과의 원인요인이 무엇인가 대한 대답은 그 질문을 누구에게 하느냐에 따라 달라진다고 볼 수 있다. 이번 장에서는, 특수 요인, 즉 고유인자에 대한 근거를 제시하고, 이어서 공통 요인에 대한 증거자료를 제시하고자 한다.

특수 요인 관련 증거
EVIDENCE FOR SPECIFIC INGREDIENT

의학에서, 고유성 혹은 특수성(specificity)은 두 가지 방법으로 확립된다. 첫째, 이중-맹검 무선 통제 집단 설계(Randomized Double-Blind Control Design)에서, 약물(또는 절차)을 위약(placebo)과 비교한다. 이러한 방식은 희망, 기대 그리고 치료자와의 관계와 같은 다른 심리적 요인을 통제한다. 만약 약물치료(medication)의 효과가 위약효과보다 더 좋다고 밝혀진다면, 약물이라는 특수 요인이 치료효과를 가져온 것이라는 증거가 된다. 왜냐하면 적극적인 약물치료와 위약 조건 사이의 유일한 차이는, 의학적 문제에 대한 개선효과가 있다고 주장되는 특수 요인의 존재로 좁혀지기 때문이다. 의학에서 특수성의 효과가 확립되는 두 번째 방법은 체계-특수적 순서(system-specific sequence)를 따르는 것이다(Wampold, 2007). Wampold(2007)에 의하면, 체계-특수적 순서를 따른다는 것은 다음의 과정으로 이루어진다.

ⓐ 과학적 연구에 근거하여, 질병에 대한 하나의 생물학적 설명을 확립한다. ⓑ 해당 생물학적 결함을 개선하기 위해서, 특정 치료법을 설계하거나 약물요법을 가정한다. ⓒ 해당 약물의 처방은 기대된 방식에 따라 그 환자의 생물학적 상태를 명백히 변화시키지만 다

른 약물들은 이와 같은 효과를 보이지 않아야 한다. 마지막으로 ⓓ 특정 생물학적 상태의 변화로 인해 해당 질병이 완치된다(만성 질환의 치료 또는 관리)(p. 867). 예를 들면, 위궤양 치료는 체계-특수적 순서(system-specific sequence)를 따르는 한 예이다. 위궤양은 박테리아인 헬리코박터 파일로리균의 존재로 인해 생긴다고 가정되며, 치료의 일부분은 그 박테리아 개체 수를 줄이는 항생제의 투여로 구성된다. 치료를 통해 실제 박테리아의 개체 수를 줄이면, 환자는 호전된다(증상은 사라지고, 검진 결과 궤양이 치료되었다고 밝혀진다).

심리치료 연구자들은 심리치료에서의 특수성을 확립하는 시도로, 무선 위약 설계(the Randomized Placebo Design)와 같은 다양한 실험 설계를 이용해 체계-특수적 순서를 입증하고자 해왔다. 심리적 체계 안에서 일어나는 과정과 결과를 측정해야 하는 어려움으로 인해, 심리치료 영역에서 특수성을 입증하는 것은 의학 영역에서 이루어지는 것보다 다양한 측면에서 상대적으로 어려움이 많다. 심리치료효과관련 실험은 이중 맹검(double blinding)이 가능하지 않고, 다양한 정신장애의 심리적 결함 원인은 실체가 모호하기 때문에 더욱 그렇다. 그럼에도 불구하고, 다음 장에서는 특수성에 대한 증거를 간략하게 검토하고, 설계 유형을 정리해 보도록 하겠다.

구성요소 설계

Component Designs

구성요소 설계(component designs)는 치료의 특정 구성요소의 효과를 구분해 살펴려는 시도이다. 이 시도는 중요한 구성요소를 제거함으로써 치료적 효과가 약화되는지를 보는 해체 설계(dismantling design)나, 구성요소를 추가시킴으로써 치료효과가 증가될 거라 가정하는 추가적 설계(additive designs)를 통해 이루어진다(Borkovec, 1990). 다음에서는, 구성요소 설계의 두 가지 예를 들어 그 원리를 설명하고 모범적 결과를 제시하고자 한다.

우울에 대한 인지행동치료(CBT)는, 의심할 여지없이 가장 많이 연구되고 검증된 심리치료다. 이는 행동 활성화, 자동적 사고(au-tomatic thoughts)를 중단시키고 변화시키는 기술의 습득, 핵심 도식의 수정이라는 세 가지 주요 구성요소로 이루어져 있다. Jacobson과 동료들은(1996), 인지적 구성요소의 중요성을 입증하고자 하는 시도로, 150명의 우울한 내담자들을 세 가지 조건 중 하나에 임의로 배정했다. 이 세 가지 조건은 행동 활성화 조건(Behavioral Activation: BA)과 행동 활성화 조건에 자동적 사고를 변화시키는 것으로 알려진 요소들을 더해 2가지 구성요소를 가진 자동적 사고 조건(Authomat-ic Thoughts: AT), 그리고 행동 활성화, 자동적 사고에 더해 핵심 인지도식(cognitive schemata)까지 다루는 3가지 요소로 구성된 풀 패키지(Cognitive-Behavioral Therapy: CBT)이다. 치료가 종결된 때와 종결 6개월 후의 추적 조사에서, CBT가 두 가지 구성요소, 즉 AT보다 더 효과적이지는 않은 것으로 밝혀졌다. 더욱이 행동 활성화 조건만으로 이루어졌던 BA와 행동 활성화 조건과 자동적 사고를 변화하는 조건이 더해졌던 AT는 AT에 핵심 인지도식을 더했던 CBT에 버금가는 자동적 사고와 역기능적 귀인 양식의 변화를 가져왔다. 이러한 결과는, CBT(조건)에만 있었던 인지적 구성요소가 우울치료에 있어 고유한(specific) 효과를 갖지 못한다는 것을 시사한다. 즉, 우울에 대한 CBT의 치료효과에 있어 자동적 사고와 역기능적 핵심 귀인에 대한 작업이 결정적이지 않다는 것이다.

한편, Resick와 동료들은(2008)은 유사한 방법을 통해 대인 관계적 폭력(interpersonal violence) 피해 여성의 외상 후 스트레스 장애(PTSD)를 위한 인지 처리 치료(Cognitive Processing Therapy: CPT)의 효과를, 해체 설계(dismantling design)를 통해 확인하고자 했다. 종합 CPT는 CPT의 두 가지 주요 구성요소 중 하나로만 구성된 각 치료들, 즉 외상적 폭력(violence)에 대해 쓰는 작업 혹은 기술(Written Accounts: WA)과 쓰는 작업이 없었던 인지치료(Cognitive Therapy: CT)와 비교되었다. 세 가지 조건 모두에서 내담자들은 PTSD 증상과 우울 점수에서 상당한 호전을 보였다. 외상에 대해 쓰는 작업이 배제된 CT는 PTSD 점수에 있어서 WA보다, 조금 더 효과가 있는 것으로 나타났지만 종합 치료(즉, CPT)는 두 가지 구성요소 중 어느 것보다도 더 유의미하게 좋은 효과를 보이지 않았다. Jacobson과 그 동료들(1996)의 연구 결과와 유사하게, CPT, 즉 종합 치료는 구성요소 중 일부만 포함했던 다른 치료들에 비해 효과가 더 좋게 나오지 않았다. 본 연구결과는 PTSD 치료에 있어 CPT에 포함된 특정 구성요소의 특수효과가 없었다는 것을 시사한다.

Ahn과 Wampold(2001)는 특수 요인을 찾기 위해 구성요소 설계를 사용한 모든 연구를 메타 분석했다. 구체적으로 종합 치료 패키지가 결정적 구성요소를 적게 가지고 있는(혹은 전혀 가지고 있지 않은) 치료보다 효과적인지를 평가하려고 했다. 이를 위해 결정적인 구성요소를 제거하거나 추가한 27개의 연구를 조사했다. 메타 분석 결과, 결정적 구성요소를 가지고 있는 치료와 가지고 있지 않은 치료 사이의 차이는 0에 가까웠다. 이 메타 분석 결과의 함의는, 분석에 포함된 연구에서는 치료의 결정적 요소로 가정했던 요인이 실제는 해당 치료의 성공에 결정적인 요인으로 입증되지 않았다는 것이다.

사회 불안의 치료효과에 대한 메타 분석에서, Acarurk, Cuijpers, van Straten, 그리고 de Graaf(2009)는 다양한 특수요소의 효과를 가정한 치료법을 분석했다. 이들 치료법이 구성요소 설계(component designs)로 진행된 것은 아니었다. 하지만 같은 결과, 즉 특수요인의 효과가 유의미하지 않았다는 문제점을 가지고 있었다. 이 메타 분석에서, 노출요법을 포함하지 않는 치료법의 효과는 노출요법을 포함하는 치료법과 유의미하게 다르지 않았고, 이완요법을 포함하지 않는 치료법은 이완요법을 포함하는 치료법의 효과와 유의미하게 다르지 않았으며, 사회 기술 훈련을 포함하는 치료도 이 요소가 빠져있던 치료와 비교했을 때, 효과측면에서 유의미하게 다르지 않았다.

의학 분야에서 위약 통제 그룹 설계(Placebo control group design)가 개발된 직후, Rosenthal과 Frank(1956)는 심리치료 연구에서도 심리치료의 특수성을 성립시키기 위해 같은 설계방법의 사용을 제안했다. 애석하게도 심리치료 분야에서 위약 통제 그룹 설계를 활용하는 데에는 문제의 소지가 있었다(Baskin, Tierney, Minami & Wampold, 2003; Critelli & Neumann, 1984; Grünbaum, 1981; A.K.Shaprio & Morris, 1978; Shepherd, 1993; Wampold, 1997, 2001a, 2001b). 심리적 위약(psychological placebo)을 포함하는 설계는 기본적으로 어떠한 특수 요인도 포함하지 않았다. 즉, 비활성화된 심리적 과정(an inert psychological process)을 포함하는 치료방법이었다. 이러한 위약 설계 유형의 치료는 종종 지지적 상담, 대안적 치료(alternative treatments), 혹은 공통 요인의 통제로 불린다. 해당 치료는 학문적 차원에서 심리학적 기반이 전무했고, 공감적 반응이나 반영적 경청을 주로 활용하긴 했지만, 특정 문제나 대처 기술 등에 전혀 초점을 맞추지 않았다. 즉, 치료에 대한 설득력 있는 이론적 설명이 없었다. 때때로, 특수한 요인의 영향을 통제하기 위해, 통제군에 속한 치료자는 특정 방식으로 반응하는 것이 금지된다. 예를 들어, PTSD의 치료에 있어 노출을 통제하기 위해, 위약 유형 통제군에 포함된 치료자에게는 해당 외상 사건에 대해 논의하지 말라고 요구 받을 수도 있다. 외상사건에 대한 논의가 일종의 심상적인 노출이 될 수도 있기 때문이다(예를 들어, 안전하고 편안한 환경에서 그 사건에 대해 생각하는 것; Foa, Rothbaum, Riggs, 그리고 Murdock, 1991를 보라).

이처럼 심리치료 효과검증연구에 있어, 위약 집단과 관련된 몇 가지 쟁점이 있다. 첫 번째는 식별가능성의 문제이다. 의료 분야에서 위약과 진짜 약의 식별은 실상 불가능하다. 반면에 심리치료에 있어서는 그렇지 않다. 즉, 진짜 치료와 위약적인 치료는 단순히 유효한 성분(The active ingredient)을 포함하는 것에 이외에 더 많은 차원에서 차이점이 있다. 여기에는 내담자에게 제공되는 치료에 대한 신뢰, 그리고 그 치료적 조치에 의한 기대가 포함된다. 가장 잘 설계된 위약치료는 나름대로 신뢰할만한 이론적 설명을 제공하려는 시도를 한다(Borkovec & Costello, 1993). 반면 위약치료는 종종 연구 결과에 영향을 미치는 결함을 가지고 있다. 치료 시간이나 기간이 짧거나, 덜 숙련된 치료자가 진행하는 등 처치를 제외한 다른 부분에서도 차이가 나기 때문이다(Baskin et al., 2003).

심리치료분야에서 위약집단을 활용하는 것과 관련된 두 번째 문제는 위약 심리치료 연구가 블라인드된(blinded) 상태로, 즉 내담자가 치료받는다는 사실을 눈치채지 못하게 진행할 수가 없다는 것이다. 내담자는 연구에서 실시되는 다양한 치료적 조건에 대해서는 잘 모를 수 있지만, 자신이 배정된 치료조건의 구성 요인에 대해서는 알게 되어있다. 자신이 바로 그 조건 속에서 치료를 받고 있기 때문이다. 그러나 더 큰 문제는 연구에 참여하는 치료자는 블라인드 되지 않는다. 즉, 치료자가 자신이 어떤 치료를 하는지 모르면서 치료에 임할 수는 없다는 점이다. 일반적으로, 치료자들은 자신들이 실험적이고 참신하며 혁신적인 치료를 제공하고 있는지, 아니면 효과적인 구성요인을 포함하지 않은 치료를 제공하고 있는지 이미 알고 있다.

관련된 세 번째 문제는, 앞에서 논의되었던 바와 같이, 위약 통제 집단이 모든 공통 요인을 포함하고 있지는 않다는 것이다. 그 중에서도 특히 많은 치료모델 속에 존재하는 가장 결정적인 두 가지 공통 요소인, 설득력 있는 이론적 설명과 치료적 조치를 포함하지 않고 있는 것이 문제다(Frank & Frank, 1991; Garfield, 1992; Imel & Wampold, 2008; Terry, 1972; Wamplod, 2007, Imel, Bhati & Johnson Jennings, 2007). 이와 같은 위약형 통제 집단(placebo-type control groups)이 가진 문제에도 불구하고, 이 설계에 기반해서 얻은 증거들은 심리치료가 어떻게 작용하는가에 대한 설명에 활용되어왔다. Lambert와 Bergin(1994)은 심리치료와 심리적 위약의 효과를 알아보기 위해 15개의 메타 분석 결과를 검토했다. 그들이 내린 결론은, 치료적 효과를 기대하고 처치한 치료방법의 효과가 심리적 위약 효과보다 높았으며(효과 크기 = .48), 심리적 위약효과는 전혀 치료받지 않은 경우보다 높았고(효과 크기 = .42), 두 가지 경우 모두 중간 정도의 효과 크기를 가졌다는 것이었다(Cohen, 1988). 심리치료효과의 원인요인으로 특수성을 지지하는 사람들은 이와 같은 결과가 자신들의 입장을 지지하는 것이라고 주장할 수도 있다. 특수한 구성요인을 가진 치료가, 그렇지 않은 치료에 비해 더 나은 결과를 보였기 때문이다. 그러나 공통 요인 지지자들은, 그러한 통제 조건이 모든 공통 요소(예컨대, 이론적 설명과 치료적 조치들)를 포함하고 있지는 않으며, 이론적 설명과 치료법을 갖지 않은 조건도 상당한 크기의 효과를 보인 다는 점에서 같은 메타 분석 결과(Lambert와 Bergin, 1994)가 일부 공통요인이 갖는 효과에 대한 증거라고 주장하곤 한다(Wampold, 1988). 설득력 있는 이론적 설명과 치료적 조치를 가진 치료나, 그런 요소가 없는 치료 모두 치료효과를 믿는 치료자에 의해 시행되는 설득력 있고 확신을 주는 치료라면, 어느 정도 효과가 있다는 것을 의미한다고 볼 수 있다.

위약 통제 집단들을 활용한 연구에 대한 추가적 메타 분석은 치료의 특수성을 확인하기 위해 이러한 이슈를 다루는 시도를 해왔다. Stevens, Hynan, 그리고 Allen(2000)은, 세 가지 그룹을 비교한 연구만을 분석에 포함시켰다. 세 그룹은 특수한 치료를 받는 그룹, 그들이 공통 요인 통제 집단이라고 이름 붙인 위약형 통제 그룹, 그리고 전혀 치료받지 않은 통제 그룹이다. 그리고 위약 형태의 통제 집단의 신뢰성을 통제하려는 시도도 했다. 그 결과 특수한 치료 집단과 위약 통제 집단 사이에 Lambert와 Bergin(1994)가 발견한 것보다 더 큰 차이를 발견했다. 또한 위약 통제 집단과 전혀 치료받지 않은 집단 사이에서는 보다 작은 차이를 발견했다. 그리고 이와 같은 결과는 증상의 심각도가 높아짐에 따라 보다 뚜렷해졌다. 이에 Stevens와 동료들은 다음의 결론을 내기에 이르렀다.

> 심리치료에 고유한 그 어떤 것도 없다는, 즉 효과차원에서 심리치료의 특수성을 부인한 Klein의 주장과 대조적으로, 우리는 *이 메타 분석에서 공통 요인 통제 집단이 나타내는 바와 같이*[기울인 글씨체 내용은 추가된 것], 심리치료의 특수한 구성요인이 공통 요인의 효과를 뛰어 넘는다는 증거를 찾아냈다. 우리의 메타 분석은 심리치료만이 갖고 있는 특수한 구성요인이 공통요인을 넘어서는 이로운 영향력을 발휘한다는 점을 확인했다. 특히 보다 심각한 문제를 가진 참가자들에게는 더욱 그렇다는 점이 드러났다(pp. 283, 286).

그러나 위에서 지적한 바와 같이, 심리치료에서 특수 요인의 고유한 효과에 대한 결론은, 위약형 통제 조건이 필요하다고 생각되는 공통 요인의 일부만을 포함한 경우나, 설계에 문제가 있었던 경우가 포함되었다는 사실 때문에 그 의미가 희석되는 부분이 있다. Baskin과 동료들(2003)은, 이 문제를 탐색하기 위해 치료의 지속기간, 형태, 치료자 훈련의 측면에서 실제 특수한 치료 조건과 위약형 통제 조건이 구조적으로 동등한 집단과 그렇지 않은 집단으로 분류하였다. 그리고 특수한 치료 조건의 효과가 구조적으로 동등하지 않은 위약형 통제 조건의 효과보다는 높았지만, 잘 설계된 위약 형태의 통제 조건의 효과보다 더 좋지는 않다는 것을 밝혀냈다. 즉, 위약 조건이 실제 치료와 근접하게 설계되어있을 때, 그 효과는 특수한 치료의 효과와 유사했으며, 이러한 사실은 특수성에 대한 기존의 주장이 어느 정도는 위약 형태의 통제 집단을 포함한 설계방법 상의 문제에 기인한 것일 수 있다는 증거를 제공했다.

심리치료에 체계 – 특수적 순서 확립하기

Establishing the System – Specific Sequence in Psychotherapy

심리치료의 특수성을 입증하기 위해서는, 실시되는 치료가 위약형 통제 조건(placebo–type controls)에 비해 더 효과적이라는 사실 그 이상의 무엇이 필요하다고 여겨져 왔다(Rosenthal & Frank, 1956). 이 점은 심리치료의 위약형 통제 연구가 갖는 모호함을 고려하면 매우 중요한 부분이다. 애석하지만 심리치료에 있어서 체계–특수적 순서(system－specific sequence)를 입증하는 것은 꽤 어렵다. 정신장애들의 심리적 결함이 명료하게 입증되어 온 것이 아니라는 점이 특히 어려운 부분이다. 정신장애를 분류하는 체계(예컨대, 정신장애 진단 및 통계적 매뉴얼(DSM); 미국 정신과의사 협회, 2000)는 병인학적(etiological) 설명을 하고 있기보다는 객관적이고 서술적인 기술을 하고 있다(Widiger & Trull, 2007). 즉, 장애의 기저에 있는 심리적 결함인 장애의 원인을 바탕으로 정신장애를 진단하는 것이 아니라 증상의 양상(pattern)이 어떻게 드러나는지를 기준으로 진단을 내린다. 이와 같은 모호한 특성이 심리치료의 특수성을 입증하는 것과 관련하여 야기하는 문제는 공황 장애의 경우에 잘 드러난다. 공황의 원인에 대한 여섯 가지 주요한 설명은 이미 반증되었거나 혹은 아예 증명할 수 없는 것들이다(Roth, Wilhelm & Petit, 2005). 그러므로 공황의 기저에 있는 검증된 결함을 수정함으로써 치료가 성공적이라는 점을 입증할 수가 없다. 이처럼 정신장애의 경우 입증된 병인학적 경로가 없기 때문에, 예를 들면 헬리코박터 파일로리 박테리아가 위궤양을 일으킨다고 알려져 있는 경우와는 매우 다른 것이다. 이러한 문제에도 불구하고, 심리치료에 있어서 체계－특수적 순서를 조사하고자 하는 창의적인 노력이 많이 있어왔다.

체계－특수적 순서를 입증하는, 즉 치료효과의 인과성을 검증하는 주요 방법은 이를 매개하는 구성개념을 확인하는 것이다. A 치료가 어떤 장애를 치료하기 위해 A 체계를 겨냥하고 B 치료가 같은 장애를 치료하기 위해 B 체계를 겨냥한다면, A 치료와 B 치료는 각기 다른 체계를 통해 고유하게 영향을 미쳐 내담자에게 도움을 준다. 예를 들어, 우울에 대한 CBT는 인지적 왜곡과 부적응적 귀인에 초점을 맞추는 반면, 대인 관계적 치료(Interpersonal Psychotherapy: IPT)는 관계와 사회적 지지에 초점을 맞춘다. 이는 다양한 심리치료가 *도도새*의 결론처럼 대체로 동등한 성과를 나타내면서도 동시에 서로 다른 체계를 통해 특수성을 가질 수 있는 이유에 대한 설명이 된다(Wampold, 2001b). 경험연구는 각각의 체계를 통해 영향을 미치는 치료들의 매개적 효과, 즉 효과의 원인요인을 밝힐 수 있다. 예를 들어, CBT는 인지를 변화시키는 반면 IPT는 사회적 관계를 변화시킨다. 물론, 연구 설계가 복잡해지고 결과에 대한 해석이 어려운 경우도 있다. 이해를 돕기 위해 몇 가지 사례를 더 살펴보자.

매개 체계(Mediating systems)를 연구한 좋은 사례로 Jacobson과 동료들(1996)에 의해 연구된 우울에 대한 CBT의 해체적 분석을 들 수 있다. CBT의 구성요인(종합 치료, 자동적 사고, 그리고 행동적 활성화)이 가져오는 성과를 연구했을 뿐만 아니라, 인지적 구성요인(CBT와 그보다는 작은 정도지만 자동적 사고)으로 인해 변화되어야 하는 두 가지 매개변인, 즉 부정적 사고와 역기능적 귀인에 대해서도 연구했다. 결과적으로, 인지적 개입을 전혀 포함하지 않았던 행동적 활성화(behavioral activation)를 포함한 세 가지 유형의 치료 모두 부정적 사고와 역기능적 귀인을 동등하게 변화시켰다. 예상된 바와 같이, 인지적 변인이 치료효과와 우울을 매개하지 않았다는 사실은 CBT가 우울에 특효를 갖지는 않는다는 것을 시사한다.

불안과 관련해서는, Anholt와 동료들(2008)이 강박 장애(Obsessive－Compulsive Disorder: OCD)를 위한 CBT와 반응 방지/노출(re－sponse prevention/exposure) 요법에서의 변화 과정을 연구했다. CBT와 반응 방지/노출 요법은 둘 다 강박 장애에 효과적인 치료이다. 이론적으로 보면, 반응 방지/노출 요법은 강박 장애의 충동성 측면에 초점을 맞춘 행동치료인 반면, CBT는 집착성 측면에 초점을 맞춘 인지치료이다. Anholt와 동료들은 반응 방지/노출 요법은 치료 초기에 충동적 행동을 감소시키고, 이것이 강박 사고의 감소로 이어지는 반면, CBT는 반대되는 과정을 통해 변화가 일어날 것이라 가정하였다. 하지만 예측과 달리, 두 그룹에서의 변화 과정은 똑같았다. 즉, 두 치료 모두에서 충동적 행동이 먼저 변화했고, 충동성에서의 변화는 최종적인 치료 성과를 보다 잘 예측했다.

매개 효과를 보여주지 못한 또 하나의 중요한 사례는 국립 정신건강 연구소(the National Institute of Mental Health: NIMH)의 우울치료 협력 연구 프로그램(Treatment of Depression Collaborative Research Program: TDCRP; Elkin, Parloff, Hadley & Autry, 1985; Elkin et al., 1989)에 대한 분석 결과에서 발견된다. 이 연구 프로그램에서 CBT와 IPT라는 두 가지 심리치료 방식은 각각 역기능적 태도 그리고 사회적 적응을 변화시킬 것으로 예상되었다. 그러나 분석 결과 예상된 매개 관계는 나타나지 않았다(Imber et al., 1990).

다양한 이론적 설명, 치료적 절차, 그리고 치료 과정에서 가정되는 여러 차이점에도 불구하고, 그 어떠한 치료도 위기 개입의 종결 시점에서, 해당 치료의 이론적 설명이 가정하는 변화의 측면에 대해 명백하고 지속적인 효과를 가져오지 못했다. 다소 놀랍게도, 이러한 결론은 두 가지 심리치료뿐만 아니라 우울치료 협력 연구 프로그램(TDCRP)에서 실시된 약물치료에도 적용된다(p. 357).

이처럼 이론적으로 예측되고, 기대된 매개 효과는 다양한 우울 관련 연구 결과에서 발견되지 않은 것으로 보인다. 이러한 결론은 인지적 매개 변인을 포함했던 연구들에 대한 메타 분석에 서도 입증되었다(Oei & Free, 1995). 특수성 가설에서 이야기하는 바와 같이, 인지 변인이 CBT와 성과를 매개했음이 밝혀졌다. 그런데 인지적 변인은 비인지적 치료, 심지어는 약물치료의 효과도 매개한다는 사실이 밝혀졌다. 즉, 인지 변인은 CBT에 있어서와 마찬가지 방식으로, 즉 특수 요인으로써가 아니라 유의미한 치료적 요인 중 하나로 치료와 성과(치료효과) 사이를 매개한 것이다.

그러나 매개 방식의 설계를 활용하여, 특히 CBT에 대해 특수한 효과를 발견하고자 하는 다른 시도는 특수성에 대해 어느 정도의 긍정적인 증거를 제시했다. 이른바 *갑작스러운 치료효과(Sudden gains)*라고 불려온 것(Tang & DeRubeis, 1999; Tang, DeRubeis, Beberman & Pham, 2005; Tang, DeRubeis, Hollon, Amsterdam & Shelton, 2007; Tang, Luborsky & Andrusyna, 2002)에 대해 이루어진 연구에서 특수성의 증거를 제시했다. 급격한 변화란, 한 회기에서 다음 회기로 가는 동안 증상이 크게 호전된 것을 말한다. 우울치료에 있어서, 회기와 회기 사이에 Beck 우울 검사 점수상으로 극적인 변화를 보인 내담자는 치료가 끝날 무렵과 치료 후의 다양한 시점에서도 기능 수행이 더 좋았고, 재발률

또한 더 낮았다(Tang & DeRubeis, 1999; Tang et al., 2002, 2007). Tang과 그 동료들(2005)은 CBT에서의 갑작스러운 우울 증상 호전은 선행한 회기에서 상당한 인지적 변화가 일어난 이후에 나타난다는 것을 발견했는데, 이는 특수성과 관련해서는 매우 중요한 사실이었다. 갑작스러운 변화 자체는 다른 치료들에서도 발견되어왔지만(예컨대, 지지적-표현적 심리치료), 이와 같은 변화는 CBT에서보다는 덜 안정적이고 성과와의 관련성이 적은 것으로 보였기 때문이다(Tang et al., 2002).

매개 체계에서의 변화는 종결 시 보이는 치료의 효과, 즉 성과와 관련이 없을 수도 있으며, 이는 공통 요인들의 영향 때문에 초래된 것일 수도 있다. 그러나 매개 체계에서의 변화는, 보다 장기적인 치료 성과와 관련이 있어 보인다. 심리적 체계에 있어 근본적 변화는 치료 이후 내담자가 삶 속에서 발생하는 다양한 문제에 대처할 수 있는 토대를 제공한다는 주장이 제기될 수 있다. Jerome Frank(Frank & Frank, 1991)가 제안한 바와 같이, 공통 요인은 재경험 과정을 통해 즉각적인 안도감을 제공할 수 있지만, 지속적인 변화는 거의 가져오지 못할 수도 있다. 이와 같은 주장을 지지하는 증거도 어느 정도 존재한다. CBT에 응했던 35명의 우울한 내담자에 대한 연구에서, 인지적 대처기술을 습득하고 자신이 CBT 원리를 활용하고 있다는 증거를 제시한 사람들은 치료 후 일 년 동안 상대적으로 더 낮은 재발율을 보였다(Strunk, DeRubeis, Chiu & Alvarez, 2007). 한편 자기 존중감의 변화는 재발률(relapse rates)과 관련이 없었다.

*도도새*의 결과(즉, 치료 성과들의 일반적인 등가성)에 대한 여러 설명

중에는 하나의 정신장애가 다수의 병인학적 경로를 가지고 있을지도 모른다는 관점도 있다. 예를 들어, 우울의 원인은 매우 다양할 수 있다. 일부 내담자에게서는 역기능적 인지적 특성이 우울을 야기할 수 있고, 다른 내담자에게서는 좋지 않은 사회적 관계가, 한편 또 다른 내담자에게서는 생물학적 결함이나 조건이 우울을 야기할 수 있다. 이것은 진단적 범주가 본질적으로 병인학적이 아니라 증상 기술적이라는 비판을 받는 이유이기도 하다(Follette & Houts, 1996). 하나의 장애에 대해 다수의 병인학적 경로가 존재한다면, 특정 문제 혹은 증상에 국한해서 설계된 치료는 알려진 바대로 오직 그 확인된 결함을 가진 내담자에 대해서만 효과가 있을 것이고, 다른 증상에 맞춰진 치료는 다른 유형의 내담자에게 효과가 있을 것이다. 이것은 본질적으로 대응가설(matching hypothesis)이다. 즉, 특정 결함을 치료하도록 고안된 치료는 그 결함을 가진 내담자에게 이루어질 때 효과가 있다는 것이다.

수많은 연구가 결함-대응 가설(deficit-matching hypothesis)을 검증하려고 시도해왔다. 1980년대 후반, Dance와 Neufeld(1988)는 대응 연구(matching studies)를 검토하였지만, 특정 치료와 특정 문제를 가진 내담자를 대응시켜 치료하는 것이 더 많은 이점을 가져온다는 증거를 거의 발견하지 못했다. B. Smith와 Sechrest(1991)도, 이러한 유형의 대응에 대한 증거는 "실망스럽다."고 주장했다. 알코올 사용 장애에 대한 두 가지 동시 실험이 대응 가설을 구체적으로 검증하기 위해 설계되었다는 사례가 있다. 그리고 이 실험도 대응 가설을 입증하지 못했다(Project Match Research Group, 1997; UKATT research Team, 2007).

예를 들어, UKATT 연구에서는, 변화할 준비가 되어 있지 않았던 내담자가 동기 강화 치료를 통해, 보다 나은 성과를 얻을 것이며, 이에 반해 낮은 수준의 사회적 지지를 받고 있던 사람은 사회적 행동과 관계망 치료(network therapy)로부터 이익을 얻을 것으로 가정되었다. 그러나 700명 이상의 내담자에게서 나온 치료적 성과는 이와 같은 가설을 지지하지 않았다. Wampold(2001b)는 대응 연구를 검토하였지만, 결함과 대응되어 실시된 심리적 치료가 대응되지 않은 치료에 비해 더 효과적임을 입증하는 증거는 거의 찾지 못했다.

특수 효과 관련 증거들에 대한 결론
Conclusions of Evidence for Specific Effects

심리치료의 특수 효과에 대한 증거를 찾는 것은 어려운 작업이며, 의의학 분야에서 이루어지는 것보다도 훨씬 더 어렵다. 예를 들어, 의학 분야에 있어서는 실제 약물과 구별하기 어려운 위약을 설계하는 것과 이중-맹검 위약 실험을 설계하는 것이 실현 가능한 반면, 심리치료에 있어서는 비교 설계와 관련된 많은 이슈들이 위약 설계의 타당성을 저해한다. 유사하게, 심리치료 분야에서의 체계-특수적 순서에 대한 연구는 의학 분야에 있어서보다 훨씬 더 복잡하다. 이는 정신장애의 원인이, 보다 모호하기 때문이며, 심리적 체계가 생물학적 체계보다 관찰하고 연구하기가 비교적 더 어렵기 때문이다. 이렇게 심리치료의 특수성에 대한 연구는 어렵게 진행되었지만 결과적으로는 특수 효과를 입증하는 증거를 찾은 경우가 드물다. 하지만 이와 같은 경험 연구의 어려움을 고려하면, 특수 효과에 대한 논의를 끝내기는 이르다. 장애별로 특수 효과들을 명확하게 확인하는 것은 보다 효율적이고 효과적인 개입으로 이어질 것이다.

공통 요인에 대한 증거
EVIDENCE FOR COMMON FACTORS

특수 요인의 효과에 대한 증거의 부족은 공통 요인이 심리치료의 효과를 설명하는가, 라는 질문으로 이어진다. 하지만 공통 요인에 대한 연구로부터 결론을 도출하는 것은 특수성에 대해 논의할 때보다 더 복잡할 수도 있다. 가장 근본적으로, 치료자의 공감과 치료에 대한 기대와 같은 공통 요인은 실험적으로 조작될 수 없다. 그렇기 때문에, 원인에 대한 귀인인 효과성의 원인을 밝히는 것이, 실험 설계인 검증하고자 하는 치료적 처치(예, 정신분석, 인지행동치료)에 비해 그 영향력에 대한 설명이 더 왜곡될 수도 있다. 예를 들어, 좋은 작업 동맹을 갖거나, 갖지 않기 위해서 작업동맹을 준거로 임의로 사례를 배정할 수는 없다. 작업동맹이 실험처치의 치료성과를 설명하는 요인일 수 있다(예를 들어, 정신분석이나 인지행동치료의 효과는 해당 치료자와의 작업동맹이 좋고 나쁜 지로부터 영향을 받는다). 따라서 '작업동맹이 치료성과를 야기한다는 것인가 아니면 치료 성과가 동맹을 야기한다는 것인가?' 또는 '제3의 변인이 작업동맹과 치료 성과 모두를 야기한다는 것인가?'라는 의문이 제기된다. '작업동맹과 치료성과의 관련성이 작업동맹에 대한 치료자의 기여로 인해 나타나는 것인가? 아니면, 작업동맹에 대한 내담자의 기여로 인한 것인가?'라는 질문도 있을 수 있다. 한편 작업동맹이 실험적으로 조작될 수 없다는 것이 작업동맹은 좋은 치료적 성과와 인과적으로 관련성이 없다는 것을 의미하는 것은 아니다. 다만, 인과 관계에 대한 결론의 타당성이 크게 저해된다는 것이다.

두 번째 어려움은, 공통 요인이 좋은 심리치료를 위한 메뉴얼에 추가될 수 있는 별개의 구성요소가 아니라는 점이다. 치료 작업에 대한 동의를 포함하는 작업동맹은 치료의 시행과 필수적으로 연결되어 있다. 치료자라는 사람은 치료적 관계 속의 참여자(participant)이다. 치료의 이론적 설명(즉, 내담자의 어려움에 대한 설명)의 수용가능성은 작업동맹의 영향을 받고, 동시에 작업동맹을 형성하는 데 도움이 된다. 공통 요인은 시간이 지남에 따라, 치료과정에서 서로 영향을 주고받기 때문에, 설명하기 어려운 복잡한 체계를 형성하고, 연구는 더욱 복잡해진다. 그럼에도 불구하고, 몇몇 공통 요인에 대한 연구 증거는 그 요인이 심리치료의 성과에 결정적이라는 것을 보여준다.

이렇듯 공통 요인은 서로 연결된 특성에도 불구하고, 선별된 소수의 공통 요인에 대한 연구는 '치료가 어떻게 이뤄지는가?'라는 것이 '어떤 치료가 이뤄지는가?'보다 더 중요하다는 증거를 제시한다. 몇 가지 치료적 요소는 다양한 기존의 치료적 접근법 전반에 걸쳐 중요한 영향을 미치는 것으로 보인다. 지금부터는 공통요인으로 분류되는 것 중 핵심적인 몇 가지 요인에 대해 설명하고자 한다.

작업 동맹
The Working Alliance

작업 동맹(working alliance)이란 개념은 정신역동적 이론에 뿌리를 둔다. 하지만 1970년대에 이르러서는 작업동맹이란 개념은 이론적 테두리를 넘어서게 되었다(Horvath & Luborsky, 1993). 작업 동맹(혹은 간단히, 동맹)의 고유 모델(the modal model)은 세 가지 요소로 구성되어 있다. 치료자와 내담자 사이의 유대, 치료 목표(goals of therapy)에 대한 합의, 그리고 치료 내용(tasks of therapy)에 대한 합의를 포함한다(Hatcher & Barends, 2006; Horvath & Bedi, 2002; Horvath & Luborsky, 1993). 동맹(alliance)은 '참가자들의(즉, 치료자의, 그리고 내담자의) 협력적이고 목적이 있는 작업'으로 특징지어져 왔다(Hatcher & Barends, 2006). 나머지 두 가지 요소인 목표에 대한 합의와 치료 내용에 대한 합의는 다른 요인과 명백한 상호관련성을 갖는다(Hatcher & Barends, 2006; Tryon & Winograd, 2002; Wampold, 2007). 예를 들면, 치료 구조 없이는, 그리고 어떤 유형의 치료가 진행될 것인가, 하는 기본적 틀이 없이는 치료 목표와 내용에 대한 어떠한 합의도 불가능하기 때문이다. 치료자의 반응을 최소화하고 어떠한 이론적 설명이나 체계가 없는 통제 조건에서의 작업동맹은 치료 목표나 치료 내용 없이 전적으로 치료자와의 유대로만 구성된다. Hatcher와 Barends는 이러한 점을 주장했다. 치료적 동맹은 치료의 모든 구성요소가 하나의 집합체를 이룬 것으로, 특정 구성요소가 아니라 다양한 구성요소를 아우르는 상위 개념이다. 기법과 동맹을 치료의 동등한 구성요소로 바라보는 것은, 두 수준을 혼동하는 것이다. 치료적 관계 전체와 치료적 동맹을 하나로 보는 것 또한 그렇다(p. 292)(Hatcher & Barends, 2006).

이와 같이 동맹이 갖는 이론적 미묘함에도 불구하고, 심리치료 연구들은 치료 동맹과 치료 성과의 관계의 중요성에 초점을 맞추어 왔다. 이 영역에서의 기본적/원형적 설계(modal design)는 심리치료 초기(대략 세 번째 회기 즈음)에 측정한 동맹과 최종 성과 혹은 치료 준비부터 종결까지의 기능적 변화의 상관관계를 연구해왔다. 여러 해에 걸쳐서 이들 연구결과에 대한 검토와 메타 분석이 이루어졌다. 그리고 그 결과, 대단하지는 않지만 .20의 범위 내에서 일관된 상관관계가 발견되었다(Horvath & Bedi, 2002; Horvath & Symonds, 1991; Martin, Garske & Davis, 2000). 즉, 초기 회기에서 동맹이 높으면 높을수록, 치료의 성과는 더 좋았다. 한편 내담자 증상의 심각도를 제외하면, 치료 초기의 작업동맹보다 최종 성과를 더 잘 예측하는 변인은 없었다.

수많은 연구결과가 치료동맹의 중요성을 강조한다. 이를 살펴보면 먼저, 동맹이 구조적인 치료(예컨대, CBT)보다 관계를 강조하는 치료(인본주의 혹은 정신역동)에서 더 중요할 것이라는 예상과 달리 치료동맹은 심리치료 유형과 상관없이 치료성과와 관련성을 보였다(Carroll, Nich & Rounsaville, 1997; Horvath & Bedi, 2002; Krupnick et al., 1994, 1996; Wampold, 2001b). 실제로, 치료동맹은 정신약리학적 치료(psychopharmaclological treatment)에서의 성과와도 관련 있다는 증거가 존재한다(Blatt, Zuroff, Quinlan, Pilkonis, 1996; Krupnick et al., 1994, 1996). 한편 치료 성과는 내담자에 의해 평가된 동맹과 다소 더 높은 상관이 발견되기는 하지만, 치료동맹이 치료자에 의해 평가되는지, 내담자에 의해 평가되는지, 혹은 관찰자에 의해 평가되는지에 따른 차이는 그다지 크지 않다(Martin et al., 2000).

치료동맹과 성과의 관련성을 해석함에 있어 몇 가지 어려움이 있다(Crits-Christoph, Gibbons & Hearon, 2006; DeRubeis, Brotman & Gibbons, 2005). 그 중 핵심적인 문제는 치료동맹이 더 나은 성과를 야기한다고 결론지을 수 있는 지 여부이다. 첫 번째 문제는, 치료 초기의 치료적 이익(therapeutic gains)이 더 나은 치료동맹을 이끌어낼 수 있다는 사실이고 따라서 치료동맹과 최종 성과 사이의 상관을 야기하고 있는 것은, 치료 초기에 나타난 효과 혹은 이익 때문이라는 점이다. 다양하고 복잡한 통계적 수단을 이용하여 이와 같은 초기 이익 가설의 결과로 나타나는 치료동맹의 효과를 배제하고 효과성을 분석하고자 하는 몇몇 시도가 있었다. 그리고 많은 연구를 통해 초기 이익은 혼재변인(confound)이 아님이 밝혀졌다. 즉, 치료동맹은 초기 이익의 영향을 뛰어넘어 치료적 성과를 예측한다(Baldwin, Wampold & Imel, 2007; D. N. Klein et al., 2003; Zuroff & Blatt, 2006). 그러나 치료동맹이 성과의 원인이기보다는 오히려 결과물이라는 증거 역시 존재한다.

치료동맹과 치료적 성과의 연결에 대한 두 번째 논쟁거리는 이와 같은 관련성이 내담자 요인으로 귀인 될 수 있다는 것이다. 즉, 치료동맹에 대해 내담자가 기여하는 부분이 있다는 점이다. 일부 내담자는 대인 관계를 잘 형성하는 능력을 가지고 치료 장면에 온다. 아마도 그들은 보다 나은 애착 경험을 가지고 있고(Mallinckrodt, 1991), 그 결과 자신의 치료자와 보다 좋은 치료동맹을 형성할 수 있는 것이다. 치료를 보다 잘 활용하고 치료로부터 더 많은 이익을 얻는 사람은 바로 이러한 내담자들일 수 있다. 이러한 시나리오에서는, 치료동맹에 대한 내담자의 기여가 치료자나 치료법에 상관없이, 보다 나은 치료적 성과로 이어진다. 이와 같은 상황을 제외한다면 당연히 치료자의 기여가 중요할 수 있다. 일반적으로 다양한 내담자들과 보다 나은 치료동맹을 형성하는 치료자가 더 나은 치료적 성과 역시 만들어 낸다. 즉, 효과적인 치료자는 자신의 내담자와 치료동맹을 더 잘 형성할 수 있기 때문에 효과적인 것이다. 물론 그것은 당연히 상호적인 효과일 것이다. 즉, 일부 치료자는 일부 유형의 내담자와 더 나은 치료동맹을 형성하며, 서로 좋은 상대가 될 때, 더 많은 치료적 성과가 나타날 것이다.

Baldwin과 동료들은(2007) 치료동맹에 영향을 미치는 여러 요인을 분류하고(이른바, 내담자, 치료자, 그리고 상호작용), 치료동맹에 대한 치료자의 기여는 성과를 예측하는 반면, 내담자의 기여 그리고 내담자와 치료자의 상호작용은 성과를 예측하지 못한다는 점을 밝혀냈다. 즉, 내담자들과 보다 나은 치료동맹을 형성하는 치료자들은 더 많은 치료적 성과를 이끌어 냈다. 하지만 치료자가 어떤 치료자인가와 상관없이, 내담자들 사이의 차이가 성과를 예측하지는 않았다(Trepka, Rees, Shapiro, Hardy, 그리고 Barkham, 2004 참조). 결국, 치료적 성과는 내담자 변인보다 치료자 변인에 의해 결정되었다. 치료자가 치료동맹을 잘 형성하도록 하거나, 끊어진 치료동맹 속에서도 작업해 나갈 수 있도록 훈련하는 것이 효과가 있다는 증거 역시 존재한다(Crits-Christoph, Connolly Gibbons, et al., 2006; Hilsenroth, Ackerman,

Clemence, Strassle & Handler, 2002; Safran & Muran, 2000; Safran, Muran, Samstag & Stevens, 2002). 이러한 결과는 제3장에서의 논의와 일치한다. 즉, 치료자가 제공되는 해석, 그러니까 치료의 이론적 설명과 치료 작업에 대해 내담자의 협력을 이끄는 것이 중요하다. 따라서 이론적 설명과 작업 내용을 제공하는 이론적 모델은 치료가 효과를 발휘하는 데 있어 중요한 역할을 한다.

앞서 논의된 여러 이유 때문에 치료 동맹에 관한 해석이 쉽진 않지만, 동맹이 모든 치료의 중요한 측면이라는 데에는 의견이 일치한다. 좋은 동맹만 있는 것은 치료적 변화를 이끌어내는 데 충분하지 않지만, 좋은 치료동맹이 필요하다는 점에 대해서는, 심리치료의 특수성을 확고히 주장하는 사람들도 인정할 것이다(Barlow, 2004). 소수의 반대의견이 존재하기는 하지만, 관련 연구 결과에 따르면 치료동맹이 이전의 변화(prior change) 때문에 비롯된 것은 아닌 것으로 보인다. 또한 치료동맹에 대한 치료자의 기여는 치료를 하고 있는 내담자를 위한, 보다 나은 치료적 성과를 이룬다는 점에 있어 중요하다.

치료자

Therapists

심리치료의 공통 요인 모델의 핵심에는 치료자라는 사람이 결정적인 요소라는 점이 포함된다(Wampold, 2007). 이러한 관점에 따르면, 사용하는 치료적 접근법과 관계없이, 일부 치료자들은 다른 치료자들에 비해 더 효과적이다. 그래서 더 핵심적인 질문은, 일부 치료자가 다른 치료자에 비해 지속적으로 더 나은 성과를 낳는가, 하는 것이다. 만약 그렇다면, '효과적인 치료자가 갖는 특징과 이들이 취하는 조치는 무엇일까?'라는 것을 탐색할 필요가 있다. 관련 연구 분야에서는 역사적으로 치료법이나 프로그램이 강조되어왔기 때문에, 여러 가지 맥락 안에서 서비스를 전달하는 제공하는 치료자는 무시되어왔다(Danziger, 1990; Wampold, 2001a). 예를 들어, 일반적으로 교육(education) 분야에서는 교육과정을 제공하는 선생님보다는 교육과정의 혁신이나 학교 개혁에 대한 연구를 목표로 하고 있다(Nye, Kon-stantopoulow & Hedges, 2004).

심리학에서 이용되는 통계 방법 중 상당수를 도출해 낸 영역은 농학(agriculture) 관련 연구이다. 연구자들은 농사에 미치는 농부의 영향, 즉 농부가 누구인가에 따른 여러 가지 차이보다는, 오히려 농업의 실제(곡물 품종, 관개, 그리고 비료)에 관심을 가져왔다. 의학 분야의 연구에서는, 약이나 처치(treatment)가 가장 중요했고, 의사에 따른 성과의 차이는 무시되었다. 유사하게 심리치료도 치료를 전달하는 치료자 요인의 영향에 대한 고려를 하지 않아 왔고, 지난 몇 십 년 동안은 더 심했다(Beutler et al., 2004). 최근에, 통계적 방법의 발전(즉, 다층 모형)으로 인해 치료자에 따른 효과를 보다 정밀하게 평가할 수 있게 되었고, 치료자 요인 별로 내담자들에게 나타나는 차이를 고려할 수 있게 되었다(즉, 임상 실험에서의 경우처럼, 많은 내담자들이 같은 치료자에게 치료를 받고 있음을 보게 된다; Snijders & Bosker, 1999 참조).

치료자 효과에 관한 증거는 먼저 임상 실험에서 나타났다. 원래 치료자에 대한 관심은 거의 없었기 때문에, 임상 실험 자체가 치료자에 따른 효과를 찾기 위해 설계되는 경우는 거의 없었다. 그럼에도 불구하고, 치료에 있어 치료자가 얼마나 중요한가를 파악하기 위해 수많은 재분석이 이루어졌다. 1990년대 초기, Crits-Christoph와 그 동료들은 몇 가지 임상 실험결과를 재분석하고, 치료 *내* 성과의 변량 중 8%가 치료자에서 비롯됨을 밝혀냈다(Crits-Christoph et al., 1991; Crits-Christoph & Mintz, 1991). 8%의 변량은 작아 보일 수도 있지만 다른 어떤 단일 요인이 차지하는 변량보다 컸다. 치료를 하지 않는 경우와 비교하여 심리치료가 가지는 전체 설명력이 13%임을 고려하면, 8%는 아주 큰 수치였다. NIMH 우울치료 협력 연구 프로그램(Treatment of Depression Collaborative Research Program; Elkin et al., 1989)은 지금까지 진행된 연구 중 가장 광범위한 심리치료 임상 실험연구로 치료자의 중요성에 대한 예를 제공한다. 우선 결과를 보면 포함되었던 두 가지 심리치료법인 CBT와 IPT는 비슷한 치료적 성과를 보였다. 사실, 그 치료법(CBT 대 IPT)은, 즉 치료유형에 따른 설명력은 치료 성과 변량의 0%를 차지했다. 그런데 다층 모형 분석을 이 자료에 적용하자 치료자 효과가 뚜렷이 나타났다(Kim, Wampold & Bolt, 2006). 각각의 심리치료법 안에서의 성과 차이의 8%가 치료자 때문인 것으로 밝혀졌다. 즉, 연구에 참여한 모든 치료자들이 각각의 전문성을 고려해 선발되었고, CBT와 IPT 모두, 각 치료 매뉴얼에 따라 치료하도록 훈련과 감독을 받았음에도 불구하고, 일부 CBT 치료자들과 일부 IPT 치료자들이 담당한 사례는 해당 유형의 치료방법을 따른 다른 치료자들의 사례에 비해 지속적으로 더 나은 성과를 보였다. 비록 이와 같은 결과를 보고한 Kim과 그 동료들의 연구에 논쟁의 여지가 없는 것은 아니었지만, 이 연구에서 나타난 치료자에 따른 차이는 먼저 실시된 Crits-Christoph의 연구에서 밝혀진 정도와 비슷했다(Elkin, Falconnier, Martinovich & Mahoney, 2006; Wampold & Bolt, 2007). 임상 실험에 대한 추가적 분석을 통해서도 상당한 크기의 치료자 효과가 발견되었다(예컨대, Huppert et al., 2001). 흥미롭게도, TDCRP 약물요법에 대한 재분석 연구(항우울제 대 위약)에서도, 약을 처방하는 정신과 의사에 따른 효과 차이가 명백히 드러났다(McKay, Imel & Wampold, 2006). 성과가 높았던 정신과 의사는 매주 약 30분 동안 내담자와 만났던 것으로 드러났다. 전체적인 연구결과를 보면 항우울제(antidepressants)는 위약보다 통계적으로 유의미하게 효과적이었으며, 그것은 성과 변량의 약 3%를 설명하는 것으로 나타났다. 그러나 치료자 효과는 약 9%를 설명하였으며, 이는 항우울제의 효과보다 더 큰 것이었다. 사실, 치료적 효과를 잘 이끌어내는 정신과 의사가 위약을 주는 경우는, 그렇지 못한 정신과 의사가 항우울제를 주는 경우보다도 오히려 더 좋은 성과를 보였다. 이와 같은 결과는 내담자와 정신과 의사 사이의 제한적인 만남을 통해 이루어낸 성과라는 점을 고려한다면, 훨씬 더 놀랍다.

임상 현장에서 내담자를 대하는 치료자는 임상 실험상황에 치료자보다 이끌어내는 성과 면에서 차이를 보일 것이라고 예상된다. 임상 실험에서는 치료가 매뉴얼화되어 있으며, 치료자는 전형적으로 전문성을 고려해 선택되어 훈련받고, 모니터링되며, 관리 감독을 받기 때문이다. Wampold와 Brown(2005)은 의료보험체계(managed care context)에서 나온 방대한 자료를 분석하여 치료자 효과를 추정했는데, 그 결과 성과 변량의 5%가 치료자 요인에서 비롯된다는 것을 밝혀냈다. 이러한 수치는 비율적으로는 임상 실험에서 전형적으로 발견되는 것보다 낮은 것이기에 다소 놀랍다. 하지만 실제 임상 환경에서의 내담자의 다양성이 치료자 효과를 설명하기 어렵게 만들기 때문에, 5%는 임상적으로 중요한 수치라고 볼 수 있다. Wampold와 Brown은 치료자 효과를 설명하기 위해, 치료를 두 기간으로 나눠 치료 성과를 측정하고 분석했다. 먼저, 첫 번째 시기에 치료자가 내담자와 만들어낸 성과를 측정해 치료자의 순위를 매기고, 두 번째로 이렇게 순위가 매겨진 치료자들의 치료 성과를 분석했다. 첫 번째 치료 시기에 상위 25%(top quartile)에 해당하는 치료 성과를 냈던 치료자들(비록 세 케이스에 불과하긴 하지만)은 하위 25%에 해당하는 치료자들보다 훨씬 더 좋은 성과를 보였다. 치료 이전부터 이후까지의 효과 크기는 하위 25%보다 상위 25%가 2배 정도 컸다. 즉, 내담자 유형이 다양했음에도, 첫 번째 분석에서 더 나은 치료 성과를 얻은 치료자, 즉 순위가 높았던 치료자는 두 번째 분석인 치료 성과의 분석에서 훨씬 더 높은 치료 성과를 보이는 것으로 나왔다. 실제 임상 환경에서 나타나는 치료자에 의한 효과 차이는 다른 연구에서도 많이 발견되어왔다(Lutz, Leon, Martinovich, Lyons & Stiles, 2007; Okiishi, Lambert, Nielsen & Ogles, 2003).

임상 실험과 임상 현장에서의 연구를 살펴볼 때, 효과의 차이를 만들어내는 것은 특정한 치료법이 아니라 치료자가 그 치료를 어떻게 전달하는지에 달려있다는 점이 명백히 드러난다. 그리고 이러한 사실은 다음과 같은 의문을 제기한다. 효과적인 치료자의 특징과 조치는 과연 무엇일까? 애석하게도 지난 수십 년 동안 관련 연구가 이뤄졌음에도, 효과적인 치료자의 특징과 조치에 대해 알려진 것이 거의 없다.

이 분야에 대한 연구가 계속 감소되고 있어, 이러한 상황은 점은 더 악화되고 있다(Beutler et al., 2004). 인구통계(나이, 성별, 민족성)적 요인, 치료법에 따른 다양한 측면(배경, 스타일, 개입방법의 선택), 개인적 특징(성격, 대처 스타일, 행복, 태도, 가치), 또는 직업적 훈련 수준(경험, 학위)이 성과와 관련되어 있다는 주장은 거의 지지를 받지 못하고 있다.

즉시적으로 치료적 관계를 형성하는 능력은, 최근 들어 어느 정도 지지를 받고 있다. 이 시점에서, 먼저 Baldwin과 그 동료들(2007)이 밝혀냈던 보다 효과적인 치료자는 다양한 내담자와 보다 좋은 동맹을 형성할 수 있다는 사실을 상기해보자. 사실, 치료자들의 평균적인 치료 동맹의 견고함의 차이가 여러 치료자들 사이에서의 치료 성과의 차이를 완벽하게 설명했다.

지속적으로 좋은 성과를 이뤄낸 치료자에 대한 추가적인 고찰도 있었다. 그 결과, 내담자의 정서 상태를 인식하고 자기 자신의 감정을 표현하고 조절하며, 협력적인 관계를 만들 수 있는 능력인 치료자의 사회적 기술이 중요하다는 것이 명백해지고 있다. 또한, 효과적인 치료자는 내담자가 어떠한 어려움이 있어도 결국 나아질 것이라는 희망을 전달한다. 이러한 치료자는 내담자의 성장에 초점을 맞춘다. 이들은 형식적인 성과 측정을 통해서나 내담자와의 상호작용을 통해, 내담자의 성장을 주시하고, 그에 따라 치료를 조정한다(다음 섹션 참조). 다양한 인지적, 활동적, 그리고 예술적 영역에 대한 전문지식을 다룬 문헌을 기반으로, Miller, Duncan, 그리고 Hubble(2007)은 전문적인 치료자가 피드백(feedback)을 계속적으로 이용해 자신의 역할 수행 능력을 향상시켜야 한다고 제안했다. 이상의 연구결과를 요약하면, 내담자 발전에 대한 지식을 갖추고 사려 깊은 실무를 수행하는 것은 효과적인 치료자가 되기 위한 핵심이라는 것이다.

내담자를 위한 맞춤형 치료

Customizing Therapy to the Individual Client

앞서 논의된 공통 요인 중의 하나가 내담자에게 수용될 수 있는 이론적 설명과 치료법이었다. 달리 말하면, 치료적 개입은 내담자의 문화, 태도, 가치, 그리고 개인적 특성에 적합하여야 한다는 것이다(Imel & Wampold, 2008; Wampold, 2001b; Wampold, Imel, et al., 2006). 임상 실험을 통해서 내담자들 중 일부는 치료가 적합하지 않다고 생각하기 때문에 치료를 중단한다는 사실이 명백히 드러났다(Westen & Morrison, 2001). 치료과정 초기의 참여도는 중요한 요소이며, 이는 치료법에 대한 내담자의 선호도(Elkin, Yamaguchi & Arnkoff, 1999; Iacoviello et al., 2007), 그리고 개선에 대한 기대(Connolly Gibbons et al., 2003)와 밀접한 관련이 있는 것으로 나왔다.

이번 장 앞에서, 특정 심리적 결함과 특정 치료를 연결 짓는 것은 지지되지 않았다는 것을 살펴보았다. 그러나 내담자의 성격, 대처 스타일, 동기에 맞춘 치료를 실시하는 것은 치료를 향상시키고 더 나은 성과로 이끈다는 증거들이 축적되고 있다. Beutler, Moleiro, 그리고 Talebi(2002)는, 저항하는 내담자는 구조화되지 않은 치료를 할 때 치료가 순탄하게 진행이 되는 반면, 순응적인 내담자는 비교적 구조화된 치료를 할 때 진행이 더 잘 된다고 시사하는 문헌을 검토했다. 또한 Beulter, Harwood, Alimohamed, 그리고 Malik(2002)은, 외현적인 어려움을 가진 내담자는 기술의 습득(skill building)과 증상 변화(system change)에 초점을 맞춘 치료법으로부터 더 많은 이익을 얻는 반면, 자기-비판적이고 감정을 회피하는 내담자는 치료자와의 관계를 포함한 대인 관계에 초점을 맞추고 통찰을 지향하는 치료법으로부터 더 많은 도움을 받는다고 결론지었다. Prochaska와 Norcross(2002)는 변화에 준비가 덜 되어, 변화에 저항하는 내담자는 동기부여에 초점을 맞추면서도 내담자들에게 즉각적인 행동을 취하도록 압력을 가하지는 않는 치료법을 통해 도움을 받는다는 것을 발견하였다.

내담자 요인
Client Factors

빈번하게 논의되는 공통 요인이 내담자 자신이라는 것은 매우 간단한 사실이다. 치료가 효과를 보게 하는 것은 바로 내담자 자신에 달려 있다(Bohart & Tallman, 1999; Clarkin & Levy, 2004; Cuncan, Miller & Sparks, 2004; Tallman & Bohart, 1999). 심리적 고통을 겪고 있지만 나아지려는 동기가 충분하고 기타 필요한 자원(예컨대, 적절한 사회적 지지, 경제적 자원, 그리고 자아 강도)을 가지고 있는 내담자는, 어떤 유형의 치료법이 제공되든지 간에, 비교적 노련한 치료자와 함께라면 자신의 삶 속에서 필요한 변화를 만들어내기 위해 치료를 적극적으로 활용할 것이다(Tallman & Bohart, 1999). 사실, 많은 사람들이 심리학과 관련 없는 종교적 인물(목회자, 유대교 스승, 이슬람교 율법학자), 혹은 토착적 또는 대안적 치료 관행을 통한 자조적인 자원을 활용해(치료자의 도움 없이), 유의미한 삶의 변화를 이뤄내기도 한다. 내담자 요인을 강조하는 사람들에 따르면, 치료자와 치료는 내담자를 위해 필요한 환경을 제공하고, 이를 기반으로 내담자는 바라던 변화를 이루기 위해 그 치료자와 치료자가 기반하고 있는 치료법을 활용한다.

경험 연구의 관점에서 보면, 치료자나 치료법처럼 체계적 근원에 의해 설명되는 부분이 아닌 나머지 영역은 당연히 내담자 변수에 의해 설명된다. 치료효과 연구나 공통 요인 연구에서 잠재적인 변수의 상당부분이 설명되지 않기 때문에, 내담자가 심리치료에서 가장 중요한 요인이라고 말할 수도 있다. 어찌되었건 심리치료에서 내담자 요인을 고려할 때에는 몇 가지 문제점이 존재한다.

심리치료는 복합적인 노력의 산물이며, 이 과정에 기여하는 다양한 요인의 영향을 낱낱이 밝히는 것은 어렵다. 동맹과 같은 공통 요인은 치료자와 내담자 모두가 기여하는 부분이고 상호작용으로 형성된다. 때문에 치료적 성공이 치료자의 조치 때문인지 혹은 내담자의 반응 때문인지를 판단하는 것은 매우 어려운 일이다(동맹의 측면에서 이를 이해하려 한 시도를 살펴보기 위해서는 Baldwin과 그 동료들(2007) 참고). 어떠한 경우에서든, 치료가 유익하기 위해서는, 내담자가 치료를 어떻게 활용하는지에 대한 지식이 필요하다. 기꺼이 변화하려는 상태, 많은 심리학적 자원(즉, 보다 큰 자아 강도), 낮은 완벽주의, 그리고 높은 수준의 심리적 자의식을 포함하는, 내담자의 몇 가지 특성은 높은 심리치료 성과와 관련되어 있음이 밝혀져 왔다(Clarkin & Levy, 2004). 또한, 치료의 초기에 증상의 심각도가 높았던 내담자는, 치료과정에서 보다 많은 진척을 이루더라도, 애초부터 증상이 심하지 않았던 내담자들과 비교하면 치료가 끝날 무렵에도 여전히 심리적 고통을 더 많이 느낀다. 그러나 심리치료자는 보다 나은 치료 성과를 보일 가능성이 높은 내담자만을 선택하지 않는다는 점을 유념해야한다. 치료자는 자기에게 찾아온 모든 내담자를 돕고 싶어 하기 때문이다. 그리고 더 나은 예후를 이끌어 낼 특성을 가지고 있지 않다는 것 자체가 바로 그 내담자의 핵심적인 증상 혹은 내담자 요인의 핵심이기 때문이다! 어찌되었든, 내담자가 치료를 어떻게 활용하는지에 대해서는 보다 많은 연구가 필요하다(Bohart & Tallman, 1999; Clarkin & Levy, 2004; Tallman & Bohart, 1999).

공통 요인에 대한 결론

Conclusions about the Common Factors

공통 요인(common factors)은 그 숫자가 너무 많고 공통 요인에 대한 개념화도 서로 다르기 때문에, 공통요인에 대한 문헌을 비교적 간략히 검토할 수밖에 없다. 예를 들어, 공감(Bohart, Elliott, Greenberg & Watson, 2002), 긍정적 관점(Farber & Lane, 2002), 기대(Arnkoff, Glaqss & Shapiro, 2002; R. P. Greenberg, Constantino & Bruce, 2006), 그리고 일치

성(M. H. Klein, Kolden, Michels & Chisholm-Stockard, 2002)이라는 주제에 대한 여러 연구가 존재한다. 경험적으로 조작될 수 없는 변인을 연구하는 어려움 때문에 이 분야에 대한 연구는 늘 복잡하다. 예를 들어, 공감은 더 나은 성과와 연관되지만(Bohart et al., 2002), 공감에 대한 내담자와 치료자의 기여를 구분하지 않고서(즉, 공감은 치료자에 의해 제공된 조건인가 혹은, 내담자가 치료자로부터 이끌어내는 것인가?), 공감이 심리치료 과정과 어떤 관련성이 있는지 이해하기 어렵다.

공통 요인을 연구하는 데 따른 어려움에도 불구하고, 공통 요인이 심리치료의 과정과 성과에 중요하다는 비교적 강력한 증거가 존재하는 것으로 보인다. 이는 어쩌면 당연한 결과이다. 우리 중 가장 기법적인 마인드를 가진 사람조차도, 치료자와 강한 유대를 형성하고 치료 목표와 내용에 동의하는 내담자가 그렇지 않은 내담자에 비해, 보다 나은 예후를 보일 것이라는 점은 인정할 것이기 때문이다. 물론 중요시하는 점에 따라 의견의 차이가 존재한다. 특정 치료법의 지지자들은, 공통 요인이 필요하다는 점을 인정하면서도, 그 치료의 특정 혹은 고유한 측면이 가져오는 치료효과를 강조한다. 반면에 공통 요인 모델을 지지하는 사람은, 설득력 있고 일관성 있는 치료 구조가 필요하고 그러한 요소들이 치료의 강력한 측면임을 인정하면서도, 공통적인 요소의 역할을 강조한다.

결론
CONCLUSION

심리치료가 효과적이라는 것은 연구결과로 입증되어왔다. 반면, 일부 예외의 경우가 존재하긴 하지만, 매뉴얼화된 치료들 각각이 보유하는 특수요인이 갖는 중요성을 확인하고자 한 노력은 비교적 성공을 거두지 못했다. 하지만 심리치료에 있어 작업 동맹과 치료자가 중요한 요인이라는 증거는 증가하고 있다. 따라서 심리치료가 어떻게 효과를 나타내는지를 구체적으로 이해하기 위한 후속연구가 필요하다는 것이 명백하다. 실제 치료장면에서 시행되는 심리치료가 어떻게 개선될 수 있는가를 고민하는 것은 중요한 문제이다. 내담자의 치료 성과를 향상시키기 위해서, 그리고 문화적으로 다양한 집단을 포함해 치료를 필요로 하는 다양한 사람들에게 심리치료를 실시하기 위해서는 이러한 고민이 요구된다. 결론적으로 말하자면, 치료 작업에 대한 피드백을 나누며 정교하게 치료를 실시하는 것이 치료에 도움이 될 것이다.

Ⅲ

요약

Summary

이 책에서는 심리치료 과정과 치료효과의 측면에서 이론의 역할을 논의했다. 심리치료는 내담자의 고통을 완화시키는 것을 목표로 하는 치료자와 내담자 사이의 대인관계적 상호작용이다. 하지만 그것은 단순히 대화만을 의미하는 것은 아니다. 치료는 치료자의 이론적 지향에 따른 형식과 내용을 모두 포함한다. 비교적 역사가 짧은 분야임에도 불구하고 심리치료 분야에는 많은 이론이 존재한다는 특성이 있다. 앞서 논의했던 것처럼 이러한 이론은 철학적으로, 과학적으로, 그리고 절차적으로 각기 상이한 점을 가지고 있다. 프로이트(Freud)에 의해 개발된 정신분석은, 유럽에서, 그리고 의학적인 맥락 속에서 시작되었고, 미국에 도입되면서 믿음에 기반한 영적인(spiritual) *대화치료가* 되었다. 그러나 정신분석의 주도권은 그리 오래 가지 않았다. 뒤이어 학습 이론과 과학적 심리학에 빠져있던 행동주의자들이 심리치료에 과학적 정당성을 부여하고자 했기 때문이다. 행동적 접근과 정신역동적 접근을 통합하기 위한 몇몇 시도가 있긴 했었지만, 두 학파는 서로에 대한 뿌리 깊은 반감을 가지고 있었다. 2차 세계대전 이후, 삶의 의미와 현상학에 초점을 둔 인본주의적 접근이 제3의 세력이 되었다. 그에 더하여, 포스트 모더니즘식 접근법이 다문화 상담과 사회적 맥락, 그리고 권력과 억압에 관한 이슈를 강조해왔다. 각각의 넓은 범주 안에는 많은 이론이 존재하며, 보다 많은 이론이 개발되는 중이다. 이러한 다양성에 더하여, 절충적 그리고 통합적 접근도 존재한다. 말할 나위도 없이, 이론적 조망은 이처럼 무척 방대하다.

심리치료 과정은 이론에 의해 이끌어진다. 이론이 없으면 심리치료는 존재하지 않는다. 이론은 치료자에게 일종의 로드 맵을 제공한다. 내담자가 가진 어려움에 대한 이해는 이론에 뿌리를 두고 있으며, 따라서 사례 개념화는 이론을 기반으로 이루어진다. 이와 유사하게, 치료적 조치 역시 이론으로부터 도출된다. 사례 개념화와 치료 계획 세우기부터 치료자의 반응에 이르기까지, 전반적인 차원에서 심리치료의 전체 기획은 이론으로부터 도출된다.

이론의 중요성과 그 가짓수가 많은 것을 고려하면, 활용할 이론을 어떻게 고를 것인가 하는 문제에 봉착하게 된다. 이 질문에 대한 대답을 제공할 수 있는 두 가지 관점이 존재한다. 첫 번째는 치료자의 관점이다. 각각의 치료자는, 편하게 느껴지고 마음이 이끌리는 이론을 선택할 필요가 있다. 선택을 하게끔 하는 이론의 지적인 매력은 이론의 배경이 되는 과학 철학에서 비롯된 것일 수 있다. 또한, 각 이론들은 고유한 세계관을 가지고 있으며, 이는 치료자의 태도,

및 가치관과 양립 가능해야 한다. 게다가 각각의 이론은 치료 장면에서 시행되어야 하는 기법들을 제시한다. 즉, 인지행동치료(CBT)는 구조를 포함하는 반면에, 인본주의적 이론은 여기-지금에서의 현존을 요구한다. 따라서 치료자의 특성과 이론 사이의 조화가 필요하다. 마지막으로, 치료자가 활용하는 이론은 치료적으로 효과가 있어야 한다. 즉, 시행되는 치료는 내담자에게 이익이 되어야 한다는 것이 핵심이다. 치료자 관점은 다음과 같이 요약될 수 있다. 치료자는 추구하는 이론에 대한 열정을 가지고 있어야 하며, 상응하는 치료를 효과적으로 시행할 수 있어야 한다.

내담자의 관점에서는 또 다른 고려사항이 존재한다. 치료자 앞에 선 사람인 내담자들은 누구든지 치유적 작업의 틀 안에서 이론적 설명과 그에 상응하는 조치를 기대한다. 즉, 심리치료를 받고자 하는 내담자는 자신의 어려움에 대한 심리학적 설명과 그 설명에 부합하는 심리학적 개입을 기대한다. 내담자에게 모든 심리학적 설명이 동일하게 수용 가능한 것은 아니지만, 다시 말해, 내담자에 따라 이론적 설명의 수위조절이 필요하지만, 이론적 설명이 내담자에게 수용되어야 한다는 것은 중요한 부분이다. 이론적 설명이 내담자의 세계관이나 선호도와 조화가 되는 지도 고려할 필요가 있다. 예를 들어, 일부 내담자들은 CBT의 구조에 잘 반응하며, 치료자의 교사/자문가로서의 역할을 선호한다. 다른 내담자는 내적 성찰을 포함하는 치료를 기대하며, 치료자와의 정서적 유대를 바탕으로 도움을 받기를 얻기를 바란다. 따라서 그들은 경험적/인본주의적 치료에 더 잘 반응한다. 다문화 상담과 심리치료에서, 치료자는 내담자를 문화적으로 이해하려고 하며, 문화적으로 타당하고 민감한 치료를 제공하고자 한다. 치료자는 치료가 내담자에게 수용되는 정도를 평가해야 하며, 내담자의 저항에 민감해야 한다. 즉, 내담자가 특정한 이론적 접근법에 반응하지 않는다면, 그에 따라 치료자는 치료를 적절하게 조정해야 한다. 물론 숙련된 치료자는 치료의 이론적 설명과 치료법을 설득력 있게 제시한다. 그럼에도 불구하고, 치료자는 내담자의 다양한 태도, 가치관, 환경 그리고 선호들에 맞춰 한 가지 이상의 치료법을 능숙하게 실시할 수 있어야 한다.

한편, 치료가 치료자 그리고 내담자와 조화를 이룰 수 있는지에 대해 고려해봐야 할 점이 있다. 수용이라는 중요한 문제에 더하여, 내담자가 가진 문제에 대한 치료적 설명은 당연히 적응적이어야 한다. 종종 내담자는 자신의 문제에 대해 전혀 해결책이 없다고 미리 결론을 내린 상태에서 치료 장면에 들어온다. 사실, 내담자는 자신의 문제가 해결될 수 없고 모든 시도가 실패했다고 느낄 때 치료 장면에 오는 것이다. 사례를 예로 들어 설명해 보겠다. 자신의 현재 고용 상황에 대해 몹시 우울해하는 나이든 엔지니어가 석사 학위를 취득하기 위해 학교로 돌아갔다. 그는 학업수행에 어려움을 겪고 있었다. 그의 '임박한' 실패, 즉 실패할 것이라는 믿음이 그를 현재의 상황과 심리적 상태에 계속 머물게 만들었는데, 이는 매우 실망스러운 성과로 이어질 수 밖에 없는 상황이다. 그는 학업 수행능력의 부족함의 원인으로 자신의 나이(다른 모든 학생들에 비해 최소한 10년 정도 나이를 더 먹은 상태)와 지적 능력의 부족("요즘 학생들은 더 똑똑하다.")을 꼽았다. 분명한 것은 자신의 나이나 지능은 내담자가 바꾸어 볼 수 없는 부분이라는 것이다. 그리고 치료자 또한 그건 어찌 해 볼 수가 없는 부분이다. 이 내담자에게 제공할 수 있는 대안적이고 적응적인 설명은 학습 시간 부족과 무질서하고 겉보기에 통제가 잘 안돼 보이는 사생활이 저조한 학업수행의 원인일 것이라는 것이다. 이 내담자에게는 이와 같은 설명 자체만으로도 희망적이었다. 즉, Jerome Frank의 용어로는 *재교화(remoralization)*, Albert Bandura의 용어로는 필요한 업무를 끝마치기 위한 *자기-효능감(self-efficacy)*이 증가되었다. 학습 시간과 자신의 사생활을 다루기 위해 스스로 조치를 취할 수 있게 되었기 때문이다.

심리치료는 내담자의 건강한 행동을 이끌어 내는 작업이다. 성공을 거두기 위해서는 치료적 조치는 반드시 이론적 설명과 일치해야 한다. 특정 치료법과 내담자의 조치는 사용되는 이론에 따라 다르다. 앞서 예로 들었던 엔지니어에게, CBT는 수용 가능한 치료법이었다. 왜냐하면 그는 도구적 해결을 지향하기 때문에 해결방법을 원하고, 구조에 반응하고, 교사·자문가 역할을 높이 평가했기 때문이었다. 반대로 그는 '정신분석을 받기를' 원하지 않았다. 치료자는 좋지 않은 학업수행에 대한 내담자의 귀인을 바꾸기 위해 인지 기법을 이용할 수 있었고, 학습 시간을 늘리고, 보다 나은 학업수행을 위해 사생활에 어느 정도의 통제력을 계획하고 발휘할 수 있는 전략(자기주장 기술, assertion skills)을 실행에 옮기도록 도왔다. 물론, 외부적으로 일어나는 일에 대해 증가된 통제력 역시 학업 수행과 관계 없이 그 내담자에게는 기쁜 일이었다.

이론의 진실성(트루시니스, truthfulness)은 중요하지 않다. 이 책 속에서 논의된 바와 같이, *트루시니스(truthiness)*는 문제적인 용어다. 왜냐하면 다양한 심리치료 이론은 공통분모가 없는 과학 철학에서 나온 것이기 때문이다. 각각의 이론은 진실이 무엇인가에 대한 기준이 다르다. 따라서 합의된 기준이 존재할 가능성은 없다. 또한 관련 연구들을 검토하면서, 특정 장애에 대해 지속적이고, 보다 나은 성과를 만들어내는 특정 치료법을 확인하기 위한 혼신의 노력에도 불구하고, 다른 어떤 이론이나 치료 접근보다 경험적으로 더 우월하고 효과가 높은 이론이나 치료 접근은 존재하지 않는다는 것을 보았다. 이와 같은 증거에도 불구하고, 실제 치료장면에서 치료자는 특정 이론을 특정 사례에 적용하고 있기 때문에 당연히 선택한 이론이 효과적이라고 믿어야 한다. 그리고 치료에 적용하는 이론에 대한 치료자의 신뢰가 중요하다는 주장에 대해 경험적으로 지지하는 증거가 존재한다.

수십 년 동안의 많은 임상 실험을 통해 우리는 심리치료가 효과적이란 사실을 확실히 알고 있다. 요약하면, 심리치료는 기존의 의학적 관행보다 더 효과적이며, 정신장애에 대해 약물 치료만큼이나 효과적이고, 치료효과는 더 지속적이다(즉, 치료가 중단된 이후 재발률이 더 낮다). 뿐만 아니라 내담자들은 추가적인 치료 과정에 대해서 저항이 적다. 일반적으로 심리치료를 받은 사람들의 약 80%가 심리치료를 받지 않은 사람들보다 더 잘 살고 있다. 또한 실제 환경에서 시행된 심리치료는 임상 실험에서 이뤄진 심리치료에 견줄 수 있는 정도의 효과를 보이는 것 같다. 이 모든 것은 심리치료가 뚜렷이 효과적임을 반복해서 보여주는 증거이다.

다시 말하지만, 치료적 효과를 거둘 것으로 의도하는 심리치료들(즉, 심리학적으로 적법한 이론적 설명을 갖고, 훈련 받은 치료자에 의해 시행되는 치료)을 비교하는 수많은 임상 실험에도 불구하고, 모든 접근법들은 효과 면에서 거의 비슷해 보인다. 이러한 점은 정신장애나 그 치료의 특성이 무엇인가와 관계없이 사실로 드러났다. 즉, 어떠한 접근도 다른 어떤 접근보다 확실하게 치료적 효과가 높은 것은 없다. 이러한 점 역시 임상 실험뿐만 아니라 현실에서도 똑같이 드러난다. 정확히 말하면 임상 실험을 통해 효과적이라고 검증된 치료들은 주목할 만한 성과를 성취해왔다. 하지만 이 책에서 논의된 바와 같이, 더 중요한 문제는 치료가 특정 치료자에 의해 효과적으로 시행되고 있느냐 하는 것이다.

심리치료의 특정 요소가 갖는 특수성을 입증하기 위한 여러 시도가 있었지만, 특정 요소가 심리치료의 효과를 결정짓는다는 점을 보여주지는 못했다. 효과가 있다고 알려진 구성요소가 기존의 치료법에서 제거되어도, 그 효과는 여전히 남아있다. 예를 들어, 우울에 대한 CBT의 인지적 요소를 제거한다고 해서 CBT의 효과가 약화되지는 않는다. 더욱이, 특정 치료가 가정된 체계에 의해 매개되는 것으로 보이지도 않는다. 예를 들어, CBT가 다른 유형의 치료법이 하지 않는 독특한 방식으로 인지요소를 변화시키기 때문에 효과적인 것은 아니라는 것이다. 하지만 이런 사실이 치료에 있어 특수한 조치가 필요하지 않다는 의미를 갖는 것은 아니다. 실제 내담자에게 제공된 설명과 일치하는 적절하고 일관성 있는 치료적 조치가 절대적으로 필요하다는 것을 보여주는 연구결과가 존재한다.

'특정 치료법이 성과에 있어 결정적인 요소가 아니라면, 심리치료의 효과는 무엇에서 비롯되는가?'라는 의문을 가질 수 밖에 없다. 모든 치료에 존재하는 공통적인 요소가 치료적 효과를 이끈다는 증거가 존재한다. 특히 치료적 동맹과 치료자 요인이 중요하다. 치료적 동맹은 치료자와 내담자 사이의 유대, 치료 목표에 대한 동의, 치료 내용에 대한 동의로 구성되어 있다. 본질적으로, 동맹은 치료자와 내담자 사이의 협력적 관계를 의미한다. 그것은 치료자에 의해 제공된 설명과 그에 따른 치료적 조치를 내담자가 수용하느냐에 달려있다. 치료 동맹에 대한 연구를 통해서, 치료 초기에 만들어진 동맹(대략 3회기 정도)이 최종적인 치료적 성과와 관련되어 있다는 것이 밝혀졌다. 더욱이 이 관계는, CBT와 행동치료뿐만 아니라 인본주의적, 그리고 역동적 치료법과 같은, 보다 관계 중심적인 치료법을 포함한 다양한 치료법 전반에 걸쳐 발견된다. 심지어 동맹은 정신장애에 대한 약물 치료의 성과와도 관련성이 있는 것으로 확인되었다. 이와 같은 연구결과가 시사하는 것은, 특정 치료적 접근이 내담자와 함께 만드는 협력적 관계보다 더 중요하지는 않다는 것이다. 명심해야 할 것은, 치료적 동맹이 공감적 치료자와 관계를 맺는 것 이상의 의미를 갖는다는 것이다. 그것은 치료의 목표와 내용에 대한 동의이며, 내담자가 설명과 치료를 얼마나 수용하는지에 달려있다.

이 책 전반에 걸쳐서, 치료자가 특정 치료를 어떻게 시행하느냐가 중요하다는 점을 논의했다. 치료를 실시함에 있어서, 치료자의 역량 자체는 선택한 특정 치료법보다 더 중요하다. 이는 치료자에 따라 성과에 차이가 존재할 것임을 시사한다. 사실 임상 실험에서, 동일한 치료 유형 안에서의 유의미한 성과 차이가 치료자 요인에 의해 설명된다고 밝혀져 왔다. 다시 말해, 동일한 치료(즉, CBT)를 시행하는 치료자들 중 일부 치료자가 다른 치료자들보다 더 좋은 성과를 지속적으로 만들어낸다는 것이다. 더욱이 치료자로 인한 성과 차이는, 특정 치료법으로 인한 성과 차이, 즉 치료유형 간의 효과 차이보다도 훨씬 더 크다. 이러한 사실은, 임상 실험 상황에서 치료자는 일반적으로 그들의 전문성 때문에 선택되어, 할당받은 치료방침을 확실히 지키도록 훈련받고, 감독받으며, 모니터링 받는다는 사실을 감안하면 놀라운 일이다. 이처럼 임상 실험과 실제 환경에서의 비교 연구를 통해 우리는 치료자가 심리치료의 이점을 만들어내는 데에 핵심적인 요인이라는 것을 알게 되었다.

치료자 효과에 대한 연구 결과는, 효과적인 치료자의 특성과 행동에 대한 의문을 제기한다. 흥미롭게도, 이런 중요한 질문에 대해 알려져 있는 것은 그리 많지 않다. 그러나 보다 나은 성과를 이뤄낸 치료자는 다양한 내담자들과 작업 동맹을 더 잘 형성할 수 있는 것으로 보인다. 따라서 동맹 형성이 치료 내용과 목표에 대한 동의를 포함하고, 내담자와의 협력을 촉진하며, 이는 특정 치료적 접근과 관계없이 중요하다는 점을 명심해야 한다.

심리치료 분야에는 여전히 해결되지 않은 많은 쟁점이 존재한다는 것이 명백하다. 이는 심리치료 연구자들과 실무자들 사이에 논쟁을 야기하기도 한다. 그럼에도 불구하고, 정신 건강 서비스의 질을 비용－효과적인 방식으로 향상시키는 것이 절대적으로 필요하다는 데에는 의견이 일치하고 있다. 하지만 새로운 접근법을 개발하고, 치료적인 요소를 확인하며, 심리치료 과정을 이해하는 것은, 이러한 노력의 결실이 치료의 질을 향상시키는 쪽으로 향하지 않는 한 의미가 없다. 최근에, 이와 같이 이미 알려져 있는 요소들을 실제 임상 치료 장면에 적용하려는 노력이 재개되어 왔다. 5장에서 논의된 바와 같이, 한 가지 흥미롭고 잠재적으로 가능성 있는 전략은 치료자에게 내담자의 진전에 대한 피드백을 제공하는 것이다. 사용된 이론적 접근과 관계없이, 이러한 피드백은 특히 악화될 위험을 지닌 내담자에게 치료적 효과를 높이는 것으로 보인다. 내담자가 진전을 보이는 것에 대한 피드백은 효과적인 치료자가 되고자 하는 수련생의 발달 과정에 있어서도 도움이 된다.

치료자가 심리치료 이론에 대해 철저히 이해하고 그것을 자신의 내담자에게 이익을 주는 방향으로 활용할 필요가 있다는 점에는 모두가 의견의 일치를 보인다. 심리치료 훈련을 받는 사람은 이와 같이 심리치료 분야에서 제기되는 다양한 이슈에 대해 제대로 알고 있어야 하며, 동시에 지식의 차원으로나 실제적으로 다양한 접근법을 배워야만 한다. 효과적인 치료자가 되는 과정은 사려 깊은 숙련 과정을 포함하며 평생을 거쳐 추구해야 하는 과정인 것이다. 이 과정에서 추구해야 하는 목표는 '올바른' 이론을 선택하는 것이 아니라, 하나의 특정 이론 혹은 가능하다면 여러 이론을 효과적으로 배우는 것이다. 다양한 이론의 상대적인 장점에 대한 논쟁에 시간을 쓰기보다는, 한 사람의 유능한 심리치료자가 되는 방법을 배우는 데에 공을 들이는 것이 더 낫다.

본 시리즈에 포함된 책들은 치료자가 선택적으로 활용이 가능한 다양한 이론을 제시한다. 독자들은 일부 이론에 대해서는 공명이 클 수 있는 반면, 다른 일부 이론에 대해서는 끌림이 덜 할 수 있다. 하지만 열린 마음으로, 여러 이론적 접근법이 반영하는 다양성의 진가를 알 수 있길 바란다. 각각의 이론은 분명하고 고유한 기여도를 가지고 있다.

색인
INDEX

ㄱ

가장 좋은 연구 증거(best research evidence) 58

갑작스러운 치료효과(sudden gains) 161

강박 장애(Obsessive-Compulsive Disorder: OCD) 159

개입(intervention) 20

검증(verification) 97

게슈탈트 치료(gestalt therapy) 47

결과 척도의 반응도(the reactivity of the outcome measures) 118

결함-대응 가설(deficit-matching hypoth-esis) 163

경계선 성격 장애(borderline personality disorder) 134

경험적으로 지지된 치료법(Empirically Supported Treatment: EST) 54

경험적으로 타당화된 치료(Empirically Validated Treatmen: EVT) 53

경험 치료법(experiential therapies) 103

고전적 조건 형성(classical conditioning) 43

공통 요인(common factors) 64, 181

공통 요인 통제(common factors controls) 122

공황장애(panic disorder) 치료 131

과정 경험적 치료(process experiential Ther-apy) 47

과정 중심 경험 치료(process experiential therapy) 125

과학(science) 43

과학 자문 이사회(the Scientific Advisory Board) 59

과학 철학(philosophies of science) 81

관계망 치료(network therapy) 164

관찰(observation) 43

광장 공포증(agoraphobia) 131

교육(education) 173

구성요소 설계(component designs) 150, 152

구성주의(constructivism) 101

국립 정신 건강 연구소(the National Institute of Mental Health: NIMH) 160

근거 이론(grounded theory) 101
기술(skills) 74
기술의 습득(skill building) 179
기술적 절충주의(technical eclecticism) 63

ㄴ

낙인(stigma) 16
내담자(clients) 91
내담자 요인(client factors) 179
노출(exposure) 130
논리적 실증주의(logical positivism) 99
농학(agriculture) 173

ㄷ

다문화 상담(multicultural therapies) 71
다원성(pluralism) 48
단기 초점적 개입(focused and brief interventions) 18
대상관계학파(object relation school) 48
대안적 치료(alternative treatments) 122, 153
대응 연구(matching studies) 163
대인 관계적 치료(Interpersonal Psychotherapy: IPT) 159
대인 관계적 폭력(interpersonal violence) 151
대화치료(talking therapy) 20, 35
도도새 효과(dodo bird effect) 66
독일(Germany) 59
동맹(alliance) 168
동물자기이론(animal magnetism) 37
두려움(fear) 44

ㅁ

마음챙김 기법(mindfulness techniques) 134
마음치료(mind cures) 36
매개 체계(mediating systems) 159
메타 분석(meta-analyses) 111
무선 설계(randomized design) 109
무작위 대조군 실험(randomized controlled trials) 55
문화(culture) 72
문화적으로 갇혀있는 상담자(culturally encapsulated counselor) 72
물질 사용 장애(substance use disorders) 133
물질주의(materialism) 37
미국(United States) 13
미국 식품의약처(U. S. Food and Drug Administration: FDA) 109
미국 심리 학회(American Psychological Association: APA) 142

ㅂ

반응 방지/노출(response prevention/exposure) 요법 160

범불안 장애(generalized anxiety disorder) 132

벤치마킹(bench marking) 140

변증법적 행동치료(Dialectical Behavioral Therapy: DBT) 134

변화의 실체(Heart and Soul of Change) 70

변화하는 세계 속의 상담(Counseling in a Changing World) 72

병인학적(etiological) 158

보건 의료 서비스 전달 체계(health care delivery system) 52

보스턴 정신병리 학교(Boston School of Psychopathology) 38

분류(classification) 121

불안 장애(anxiety disorders) 129

비교 연구(comparative trials) 103

비디오 상담(video-based intervention) 21

비용(cost) 16

비전문가가 제공하는 심리 서비스(indigenous healing practices) 23

ㅅ

사례 개념화(case conceptualization) 84

사회 불안(social anxieties) 132

사회적 관계(social relations) 82

사회적 구성개념(social constructs) 75

사회적 구성주의(social constructivism) 101

상호억제를 활용한 심리치료(psychotherapy by reciprocal inhibition) 44

설득과 치유(Persuasion and Healing) 66

설명(explanations) 98

성(gender) 75

성격과 심리치료(Personality and Psychotherapy) 60

성격 장애(personality disorders) 134

세균 이론(germ theory) 100

수용(acceptance) 93

숙련(mastery) 89

신념 체계(belief systems) 21

신체요법(body therapies) 22

신화(myth) 67

실재론(realism) 99

실존주의(existentialism) 83

실증주의(positivism) 97

실증주의자(positivist) 99

심리적 위약(psychological placebo) 153

심리적 위약 효과(psychological placebo effect) 122

심리치료(psychotherapy) 20, 139

심리치료의 정의(psychotherapy defined) 19

심리치료 이론(psychotherapy theory) 33

심리치료 일반(psychotherapy in general) 117

ㅇ

아동기 장애(childhood disorders) 135

안구운동 둔감화 및 재처리 요법(eye movement desensitization and reprocessing) 98

알코올 사용 장애(alcohol use disorders) 133

애착(attachment) 48

약물치료(medication) 114, 148

양자 이론(quantum theory) 100

여성주의 83

영국 국립건강관리처(The National Health Service(UK)) 142

외상 후 스트레스 장애(Posttraumatic stress disorder: PTSD) 129

우울(Depression) 125

우울치료 협력 연구 프로그램(Treatment of Depression Collaborative Research Program: TDCRP) 160

위궤양 158

위약(placebo) 148

의례(ritual) 67

의료보험(health insurance) 16

이론적 설명(rationale) 80

이론적 통합(theoretical integration) 60

이야기 치료(narrative therapy) 75

이완 요법(Relaxation Therapy: RT) 131

인간중심 83

인간-중심치료(person-centered therapy) 47

인과관계(causality) 97

인종문화적 치유(ethnocultural healing) 72

인지(cognition) 45

인지 도식(cognitive schemata) 150

인지 처리 치료(Cognitive Processing Thera-py: CPT) 151

인지치료(Cognitive Therapy: CT) 151

인지행동치료(cognitive behavioral therapy: CBT) 45

일반적 치료(Treatment As Usual: TAU) 134

임마누엘 운동(Emmanuel movement) 38

임상 실험(clinical trials) 141

임상심리학회(Society of Clinical Psychology) 53

임상적 대표성(clinical representativeness) 139

임파워먼트(empowerment) 48, 75

ㅈ

자각(awareness) 74

자기결정력(self-determination) 48

자기-효능감(self-efficacy) 134, 191

자동적 사고(automatic thoughts) 150

자연선택(natural selection) 35

작업동맹 166

장기 집중적 치료(long-term intensive treatments) 18

재교화(remoralization) 191

재발률(relapse rates) 162

적응적 설명(adaptive explanation) 92

전체성(wholeness) 48

전화 상담(telephone counseling) 21

절차(procedure) 67

점진적 이완법(progressive relaxation) 44

정서 중심 치료(emotion-focused therapy) 47

정신병리(psychopathology) 82

정신분석(psychoanalysis) 36

정신분석과 행동치료: 통합을 향해(Psychoanalysis and Behavior Therapy: Toward an Integration) 61

정신약리학적 치료(psychopharmaclological treatment) 169

정신역동적 치료(psychoanalytic therapies) 48, 119, 130

정신장애 진단 및 통계적 매뉴얼(DSM) 158

정신치료(psychic treatments) 38

제3의 지불인들(third-party payers) 53

조건형성(conditioning) 21

조지 워싱턴(George Washington) 107

좋은 대상(good object) 48

주체성(agency) 48

중다 양식 치료(multimodal therapy) 64

증거 기반 치료(Evidence-Based Treatment: EBT) 57

증상 변화(system change) 179

지식(knowledge) 74

지지적 상담(supportive conseling) 122

ㅊ

체계적 둔감법(systematic desensitization) 43

체계적 절충 치료(systematic eclectic psychotherapy) 64

체계-특수적 순서(system-specific sequence) 148

체계-특수적 순서 확립하기(establishing the system-specific sequence) 157

추가적 설계(additive designs) 150

추상(abstraction) 68

충성도(allegiance) 127

충성 효과(allegiance effects) 127

치료 계획(treatment planning) 84

치료 내용(tasks of therapy) 168

치료 로드 맵(road map) 11

치료 목표(goals of therapy) 168

치료 방법에 대한 믿음(belief) 88
치료방법(절차) 103
치료양식(modalities) 25
치료의 고유성(specificity) 42
치료의 순수성(purity of treatment) 95
치료자(therapists) 84, 172
치료적 이익(therapeutic gains) 170
치료적 효과(effectiveness of psychotherapy) 125
치료 조건(treatment conditions) 68
치료 지침(protocols) 24
치유적 의식(healing ritual) 35
침술(acupuncture) 107

ㅋ

칼 로저스(Carl Rogers) 47

ㅌ

통찰(insight) 40
통합(integration) 60
트루시니스(truthiness) 88
특수 효과(specific effects) 164

ㅍ

편안함(comfort) 86
포스트모더니즘(Postmodernism) 71
폭력(violence) 151
표본 추출(sampling) 123
프로이트(Sigmund Freud) 36
피드백(feedback) 177

ㅎ

학습 이론(learning theory) 43
항우울제(antidepressants) 175
해체 설계(dismantling design) 150
행동적 활성화(behavioral activation) 159
행동주의(behaviorism) 83, 98
행동치료(behavioral therapies) 119
행동 활성화 조건(Behavioral Activation: BA) 150
헬리코박터 파일로리균 149
현상학(phenomenology) 101
흥미(interest) 86
희망(hopefulness) 191

A

Acarurk 152
Ahn 152
Albert Bandura 191
Alimohamed 179
Allen 156
Anholt 159
APA(American Psychological Association) 11
Arkowitz 59
Arnold Lazarus 64
Auguste Comte 97

B

Baldwin 171, 177
Barends 168
Barkham 143
Baskin 157
Benish 130
Bergin 155, 156
Beutler 178
Brotman 124
Brown 175
B. Smith 163

C

Castonguay 68
CBT 130, 131
C. Gilbert Wrenn 72
Chambless 131
Christian Science 41
Connell 143
"Crazy" Therapies 52
Crits-Christoph 174
Cuijpers 152

D

Dance 163
D. A. Shapiro 120
DBT 134
de Graaf 152
DeRubeis 124
Dollard 60
Donald Meichenbaum 45, 93
DSM 17
Duncan 177

E

Eagle 49

F

Fishman 45
Frank 153
Franks 45
Franz Anton Mesmer 37
Frederick "Fritz" Perls 47

G

Garfield 54
George Santayana 27
Gibbons 124
Glass 111
Goldfried 68
Goodheart 58
Grencavage 69

H

Hans Eysenck 110
Harwood 179
Hatcher 168
Henry Stack Sullivan 49
Hubble 177
Hynan 156

I

Imel 130, 133
Isaac Newton 97
Ivan Petrovich Pavlov 43

J

Jacobson 150
Jerome Frank 66
John B. Watson 43
John K. Mitchell 39
Joseph Wolpe 43

K

King 124
Kirk Schneider 47
Klerman 49

L

Lalich 52
Lambert 69
Larry Beutler 64
Leslie Greenberg 47
Linehan 134
'Little Albert' 연구 43

Louis Pasteur 100

M

Malik 179
Mary Cover Jones 43
McFall 136
Mellor－Clark 143
Messer 34
Miller 60, 136, 177
Minami 141
M. L. Smith 111
Moleiro 178

N

Neufeld 163
Newman 51
Norcross 51, 69

O

Ollendick 124

P

Pasek 136
Paul 63
Pedersen 72
Prochaska 179

R

Reichian 치료법 22
Resick 151
Robert Elliot 47
Rollo May 47
Rosalie Rayner 43
Rosenthal 153
Rosenzweig 65

S

Sechrest 163
Shapiro 120
Siev 131
Singer 52
Spielmans 136
standard care 140
Stevens 156
Stiles 143

T

Talebi 178

Tang 162

Task Force on Promotion and Dissemination of Psychological Procedures 53

U

UKATT research Team 163

usual care 140

V

van Straten 152

Varhely 136

Victor Frankl 47

W

Wachtel 61

Wampold 105, 136

Wang 13

Weersing 141

Weisz 135

William James 36

Wolitzky 49

Y

Yalom 92

참고문헌
REFERENCE

이 QR 코드를 스캔하면 「심리치료의 기초: 이론과 실제」의

참고문헌을 열람할 수 있습니다.

역자 약력

안명희

현 서강대학교 심리학과 정교수

한국정신치료학회 부회장

한국상담심리학회 상담심리전문가(상담심리사 1급)

미국 Boston College 심리학 학사

Columbia University 심리학 석사 · 박사

안미라

서강대학교 심리학 학사 · 석사

전문상담교사 2급

심리치료의 기초: 이론과 실제

초판 발행 2018년 10월 15일

지은이 Bruce E. Wampold
옮긴이 안명희 · 안미라
펴낸이 안상준

편 집 김상윤
기획/마케팅 노 현
표지디자인 김연서
제 작 우인도 · 고철민

펴낸곳 (주) 피와이메이트
서울특별시 금천구 가산디지털2로 53 한라시그마밸리 210호(가산동)
등록 2014.2.12. 제2018-000080호
전 화 02)733-6771
f a x 02)736-4818
e-mail pys@pybook.co.kr
homepage www.pybook.co.kr
ISBN 979-11-89005-25-2 93180

정 가 15,000원